Ṣalawāt

Salutations upon the Prophet

صلى الله عليه وسلم

Fisabilillah Organization Authenticate Ulama's Organization

Published By: The Way of Islam, 6 Cave Street, Preston, Lancashire, PR1 4SP

TRANSLITERATION GUIDE

Please take note of the table below as our transliteration method may be different to those adopted by others.

The transliterated symbols are unvarying in pronunciation, e.g. the representation "s" will remain pronounced as "s" and not distort to "z" in any circumstance, e.g. Islām is *not* pronounced Izlām.

While every effort has been made to ensure the transliteration is as close to the Arabic as possible, no alphabet can ever fully represent another.

This is all the more true where recitation of Qur'ānic verses is concerned as this must adhere to the very precise science of Tajwīd. It is therefore imperative that the readers do not consider a transliteration a substitute for learning to read Arabic correctly from a competent teacher.

VOWELS

A / a	SHORT "A" AS IN "AGO"	**I / i**	SHORT "I" AS IN "SIT"
Ā / ā	LONG "A" AS IN "HAT"	**Ī / ī**	LONG VOWEL AS IN "SEE"
AY or AI	DIPHTHONG AS IN "PAGE"	**AW or AU**	DIPHTHONG AS IN "HOME"
'	ABRUPT START/PAUSE DOES NOT OCCUR IN ENGLISH	**U / u**	SHORT "U" AS IN "PUT"
		Ū / ū	LONG VOWEL AS IN "FOOD"

CONSONANTS

ب	B	"B" NO "H" ATTACHED
ت	T	"T" NO "H" ATTACHED
ث	TH	"TH" AS IN THIN
ح	Ḥ	"H" GUTTURAL SOUND
خ	KH	"KH" VERY GUTTURAL NO TONGUE USAGE
د	D	"D" NO "H" ATTACHED
ذ	DH	"TH" AS IN THEN
س	S	"S" ONLY - NOT "Z"
ش	SH	"SH" AS IN SHIN
ص	Ṣ	"S" WITH RAISED TONGUE

ض	Ḍ	"DH" USING SIDES OF THE TONGUE
ط	Ṭ	"T" WITH RAISED TONGUE
ظ	Ẓ	"TH" AS IN THEN, SOUND IS WITH RAISED TONGUE
ع	`	GUTTURAL SOUND - ACCOMPANIES VOWEL
غ	GH	"GH" VERY GUTTURAL NO TONGUE USAGE
ق	Q	"K" WITH BACK OF TONGUE RAISED
و	W	"W" READ - NOT SILENT
ي	Y	"Y" ONLY - NOT "I"

Note: Double consonants must be pronounced with emphasis on both letters without pause, e.g. **ALLĀHUMMA** should be read **AL-LĀHUM-MA.**

SYMBOLS

سبحانه وتعالى	SUBḤĀNAHŪ WA TA`ĀLĀ FOR ALLAH "GLORIFIED AND EXALTED IS HE"	صلى الله عليه وسلم	ṢALLALLĀHU `ALAYHI WA SALLAM FOR MUHAMMAD "PEACE BE UPON HIM"
رضي الله عنه	RAḌIYAL-LĀHU `ANHU FOR COMPANIONS "ALLAH BE PLEASED WITH HIM"	عليه السلام	`ALAYHIS-SALĀM FOR PROPHETS "PEACE BE UPON THEM"

INTRODUCTION

It is a divine order that good is rewarded with good. After Allāh ﷻ whose favours are beyond calculation, it is the one who was sent by Allāh as the mercy to the worlds, Muḥammad ﷺ the last Messenger who was the greatest benefactor mankind has ever had.

In this day, when neither have we the ability to see nor converse with the Prophet ﷺ, we have either forgotten his favours upon us, or we do not appreciate them. One must remember, however, that truth, even if ignored or forgotten, still remains the truth.

The Prophet ﷺ was sinless, and had the guarantee of Allāh's ﷻ eternal and infinite love, yet he spent night after night, day after day, begging Allāh ﷻ for our salvation. The physical torture hurled at him by the opposition for propagating Islam, the psychological anguish suffered by him when seeing his beloved followers persecuted and the mental torment undertaken by him in his unending concern for his people are all but a small part of the debt that we owe to this selfless man ﷺ.

In praise of his accomplishments and his perfected character, Allāh ﷻ states;

إِنَّ ٱللَّهَ وَمَلَٰٓئِكَتَهُۥ يُصَلُّونَ عَلَى ٱلنَّبِيِّ ۚ يَٰٓأَيُّهَا ٱلَّذِينَ
ءَامَنُوا۟ صَلُّوا۟ عَلَيْهِ وَسَلِّمُوا۟ تَسْلِيمًا ﴿٥٦﴾

Allāh and His angels send Blessings on the Prophet (Muḥammad ﷺ)
O you who believe! invoke blessings upon
him too and send abundant greetings of peace.

al Aḥzāb 56

A couplet in the Arabic language expresses the true spirit of salutation believers send upon the Rasūl:

مَا إِنْ مَّدَحْتُ مُحَمَّدًا بِمَقَالَتِيْ   لٰكِنْ مَّدَحْتُ مَقَالَتِيْ بِمُحَمَّدِ

I have not uttered praise of Muḥammad
with my words,
But it is my words that have been praised
by mention of Muḥammad.

Indeed, to think that our meagre invocations could increase the Messenger of Allāh in any way would only be pretentious.

You may be singing the praise of Muḥammad,
But on what you are doing have you paid much thought?
Who are you to praise him who is praised by Allāh?
This, if not audacity, what else can it be?

And yet, Allāh ﷻ has not only commanded the sending of salutations upon the Prophet ﷺ, but in fact Divine generosity knows no bounds in respect to the reward in lieu of it. For instance one Ḥadīth states, "Whoever prays once for blessings upon Muḥammad is blessed himself ten times over by the One who sent him." Muslim

This is Allāh's ﷻ sheer blessing upon us that we should be rewarded for thanking Allāh's Messenger ﷺ for what he has done for us. As love for the Messenger is a part of Īmān, so should we make Ṣalawāt upon him a part of our daily routine.

100 ṢALAWĀT

بِسْمِ اللهِ الرَّحْمٰنِ الرَّحِيْمِ ط

سَلَامٌ عَلٰى عِبَادِهِ الَّذِيْنَ اصْطَفٰى سَلَامٌ عَلَى الْمُرْسَلِيْنَ ط

BISMIL-LĀHIR-RAḤMĀNIR-RAḤĪM
SALĀMUN `ALĀ `IBĀDIHIL-LADHĪNAṢ-ṬAFĀ
SALĀMUN `ALAL MURSALĪN.

In the name of Allāh, the Merciful, the Beneficent
Peace be upon the servants whom He has chosen.
Peace be upon the Messengers.

Qur'ān, An Naml 59

---- 1 ----

أَللّٰهُمَّ صَلِّ عَلٰى مُحَمَّدٍ

وَّأَنْزِلْهُ الْمَقْعَدَ الْمُقَرَّبَ عِنْدَكَ ط

'ALLĀHUMMA ṢALLI `ALĀ MUḤAMMAD.
WA 'ANZILHUL MAQ-`ADAL
MUQARRABA `INDAK.

O Allāh! Send salutations upon Muḥammad
and grant him a place close to You.

aṭ Ṭabarānī

---- 2 ----

أَللّٰهُمَّ رَبَّ هٰذِهِ الدَّعْوَةِ التَّآمَّةِ وَالصَّلٰوةِ النَّافِعَةِ
صَلِّ عَلٰى مُحَمَّدٍ وَّارْضَ عَنِّىْ رِضًا لَّا تَسْخَطُ بَعْدَهٗ ط

'ALLĀHUMMA RABBA HĀDHI-HID-DA`WATIT-
TĀMMATI WAṢ-ṢALĀTIN NĀFI`ATI
ṢALLI `ALĀ MUḤAMMAD.
WARḌA `ANNĪ RIḌAL LĀ TASKHAṬU BA`DAH.

O Allāh! Lord of this complete call (Adhān)
and of this benefitting prayer (Ṣalāh).
Send salutations upon Muḥammad
and be pleased with me in such a way
that You will never again be displeased with me.

Musnad Aḥmad

---- 3 ----

أَللّٰهُمَّ صَلِّ عَلٰى مُحَمَّدٍ عَبْدِكَ وَرَسُوْلِكَ وَصَلِّ
عَلَى الْمُؤْمِنِيْنَ وَالْمُؤْمِنَاتِ وَالْمُسْلِمِيْنَ وَالْمُسْلِمَاتِ ط

'ALLĀHUMMA ṢALLI `ALĀ MUḤAMMAD.
`ABDIKA WA RASŪLIKA WA ṢALLI `ALAL
MU'MINĪNA WAL MU'MINĀTI WAL MUSLIMĪNA
WAL MUSLIMĀT.

O Allāh! Send salutations upon Muḥammad,
(who is) Your slave and messenger.
And send salutations upon the faithful
men and faithful women,
and the submitting men and submitting women.

Ibn Ḥibbān

---- 4 ----

أَللّٰهُمَّ صَلِّ عَلٰى مُحَمَّدٍ وَّعَلٰى اٰلِ مُحَمَّدٍ وَّبَارِكْ عَلٰى
مُحَمَّدٍ وَّعَلٰى اٰلِ مُحَمَّدٍ وَّارْحَمْ مُحَمَّدًا وَّاٰلَ مُحَمَّدٍ
كَمَا صَلَّيْتَ وَبَارَكْتَ وَتَرَحَّمْتَ عَلٰى اِبْرَاهِيْمَ
وَعَلٰى اٰلِ اِبْرَاهِيْمَ اِنَّكَ حَمِيْدٌ مَّجِيْدٌ

'ALLĀHUMMA ṢALLI `ALĀ MUḤAMMADIW
WA `ALĀ 'ĀLI MUḤAMMAD. WA BĀRIK `ALĀ
MUḤAMMADIW-WA `ALĀ 'ĀLI MUḤAMMAD.
WARḤAM MUḤAMMADAW-WA ' ĀLA MUḤAMMAD.
KAMĀ ṢALLAYTA WA BĀRAKTA WA TARAḤ-ḤAMTA `ALĀ
'IBRĀHĪMA WA `ALĀ 'ĀLI 'IBRĀHĪM.
'INNAKA ḤAMĪDUM MAJĪD.

O Allāh! Send salutations upon Muḥammad
and the family of Muḥammad,
and bless Muḥammad and the family of Muḥammad,
and have mercy upon Muḥammad
and the family of Muḥammad,

in the manner that You sent salutations,
blessings and mercy upon Ibrāhīm
and the family of Ibrāhīm.
You are the Praiseworthy, the Majesty.

al Bayhaqī

---- 5 ----

أَللّٰهُمَّ صَلِّ عَلٰى مُحَمَّدٍ وَّعَلٰى اٰلِ مُحَمَّدٍ كَمَا صَلَّيْتَ عَلٰى اٰلِ اِبْرَاهِيْمَ اِنَّكَ حَمِيْدٌ مَّجِيْدٌ ج أَللّٰهُمَّ بَارِكْ عَلٰى مُحَمَّدٍ وَّعَلٰى اٰلِ مُحَمَّدٍ كَمَا بَارَكْتَ عَلٰى اٰلِ اِبْرَاهِيْمَ اِنَّكَ حَمِيْدٌ مَّجِيْدٌ ط

'ALLĀHUMMA ṢALLI `ALĀ MUḤAMMADIW-WA `ALĀ 'ĀLI MUḤAMMAD. KAMĀ ṢALLAYTA `ALĀ 'ĀLI 'IBRĀHĪM. 'INNAKA ḤAMĪDUM MAJĪD. 'ALLĀHUMMA BĀRIK `ALĀ MUḤAMMADIW-WA `ALĀ 'ĀLI MUḤAMMAD. KAMĀ BĀRAKTA `ALĀ 'ĀLI 'IBRĀHĪM. 'INNAKA ḤAMĪDUM MAJĪD.

O Allāh! Send salutations upon Muḥammad
and the family of Muḥammad,
in the manner that You sent salutations
upon the family of Ibrāhīm.
You are the Praiseworthy, the Majesty.
O Allāh! Send blessings upon Muḥammad
and the family of Muḥammad,

in the manner that You sent blessings
upon the family of Ibrāhīm.
You are the Praiseworthy, the Majesty.

al Bukhārī

---- 6 ----

أَللّٰهُمَّ صَلِّ عَلٰى مُحَمَّدٍ وَّعَلٰى اٰلِ مُحَمَّدٍ
كَمَا صَلَّيْتَ عَلٰى اٰلِ اِبْرَاهِيْمَ اِنَّكَ حَمِيْدٌ مَّجِيْدٌ
وَبَارِكْ عَلٰى مُحَمَّدٍ وَّعَلٰى اٰلِ مُحَمَّدٍ
كَمَا بَارَكْتَ عَلٰى اٰلِ اِبْرَاهِيْمَ اِنَّكَ حَمِيْدٌ مَّجِيْدٌ ط

'ALLĀHUMMA ṢALLI `ALĀ MUḤAMMADIW-WA `ALĀ 'ĀLI MUḤAMMAD. KAMĀ ṢALLAYTA `ALĀ 'ĀLI 'IBRĀHĪM. 'INNAKA ḤAMĪDUM MAJĪD. WA BĀRIK `ALĀ MUḤAMMADIW-WA `ALĀ 'ĀLI MUḤAMMAD. KAMĀ BĀRAKTA `ALĀ 'ĀLI 'IBRĀHĪM. 'INNAKA ḤAMĪDUM MAJĪD.

O Allāh! Send salutations upon Muḥammad
and the family of Muḥammad,
in the manner that You sent salutations
upon the family of Ibrāhīm.
You are the Praiseworthy, the Majesty.
And Send blessings upon Muḥammad
and the family of Muḥammad,
in the manner that You sent blessings

upon the family of Ibrāhīm.
You are the Praiseworthy, the Majesty.

Muslim

---- 7 ----

أَللّٰهُمَّ صَلِّ عَلٰى مُحَمَّدٍ وَّعَلٰى اٰلِ مُحَمَّدٍ كَمَا صَلَّيْتَ
عَلٰى اِبْرَاهِيْمَ اِنَّكَ حَمِيْدٌ مَّجِيْدٌ ج أَللّٰهُمَّ بَارِكْ عَلٰى
مُحَمَّدٍ وَّعَلٰى اٰلِ مُحَمَّدٍ كَمَا بَارَكْتَ عَلٰى
اِبْرَاهِيْمَ اِنَّكَ حَمِيْدٌ مَّجِيْدٌ ط

'ALLĀHUMMA ṢALLI `ALĀ MUḤAMMADIW-WA `ALĀ 'ĀLI MUḤAMMAD, KAMĀ ṢALLAYTA `ALĀ 'IBRĀHĪM, 'INNAKA ḤAMĪDUM MAJĪD. 'ALLĀHUMMA BĀRIK `ALĀ MUḤAMMADIW-WA `ALĀ 'ĀLI MUḤAMMAD, KAMĀ BĀRAKTA `ALĀ 'IBRĀHĪM, 'INNAKA ḤAMĪDUM MAJĪD.

O Allāh! Send salutations upon Muḥammad
and the family of Muḥammad,
in the manner that You sent salutations upon Ibrāhīm.
You are the Praiseworthy, the Majesty.
O Allah! Send blessings upon Muḥammad
and the family of Muḥammad,
in the manner that You sent blessings upon Ibrāhīm.
You are the Praiseworthy, the Majesty.

Ibn Mājah

---- 8 ----

أَللّٰهُمَّ صَلِّ عَلٰى مُحَمَّدٍ وَّعَلٰى اٰلِ مُحَمَّدٍ كَمَا صَلَّيْتَ
عَلٰى اِبْرَاهِيْمَ وَعَلٰى اٰلِ اِبْرَاهِيْمَ اِنَّكَ حَمِيْدٌ مَّجِيْدٌ ج
وَبَارِكْ عَلٰى مُحَمَّدٍ وَّعَلٰى اٰلِ مُحَمَّدٍ كَمَا بَارَكْتَ
عَلٰى اِبْرَاهِيْمَ اِنَّكَ حَمِيْدٌ مَّجِيْدٌ ط

'ALLĀHUMMA ṢALLI `ALĀ MUḤAMMADIW-WA `ALĀ 'ĀLI MUḤAMMAD, KAMĀ ṢALLAYTA `ALĀ 'IBRĀHĪMA WA `ALĀ 'ĀLI 'IBRĀHĪM, 'INNAKA ḤAMĪDUM MAJĪD. WA BĀRIK `ALĀ MUḤAMMADIW-WA `ALĀ 'ĀLI MUḤAMMAD, KAMĀ BĀRAKTA `ALĀ 'IBRĀHĪM, 'INNAKA ḤAMĪDUM MAJĪD.

O Allāh! Send salutations upon Muḥammad and the family of Muḥammad, in the manner that You sent salutations upon Ibrāhīm and upon the family of Ibrāhīm. You are the Praiseworthy, the Majesty. And send blessings upon Muḥammad and the family of Muḥammad, in the manner that You sent blessings upon Ibrāhīm. You are the Praiseworthy, the Majesty.

an Nasa'ī

---- 9 ----

أَللّٰهُمَّ صَلِّ عَلٰى مُحَمَّدٍ وَّ اٰلِ مُحَمَّدٍ كَمَا صَلَّيْتَ
عَلٰى اِبْرَاهِيْمَ وَبَارِكْ عَلٰى مُحَمَّدٍ وَّ اٰلِ مُحَمَّدٍ
كَمَا بَارَكْتَ عَلٰى اٰلِ اِبْرَاهِيْمَ اِنَّكَ حَمِيْدٌ مَّجِيْدٌ ط

**'ALLĀHUMMA ṢALLI `ALĀ MUḤAMMADIW-WA
'ĀLI MUḤAMMAD, KAMĀ ṢALLAYTA
`ALĀ 'IBRĀHĪM, WA BĀRIK `ALĀ
MUḤAMMADIW-WA 'ĀLI MUḤAMMAD,
KAMĀ BĀRAKTA `ALĀ 'ĀLI 'IBRĀHĪM,
'INNAKA ḤAMĪDUM MAJĪD.**

***O Allāh! Send salutations upon Muḥammad
and the family of Muḥammad,
in the manner that You sent salutations upon Ibrāhīm.
And send blessings upon Muḥammad
and the family of Muḥammad, in the manner that
You sent blessings upon the family of Ibrāhīm.
You are the Praiseworthy, the Majesty.***

Abū Dawūd

---- 10 ----

أَللّٰهُمَّ صَلِّ عَلٰى مُحَمَّدٍ وَّعَلٰى اٰلِ مُحَمَّدٍ كَمَا صَلَّيْتَ
عَلٰى اِبْرَاهِيْمَ اِنَّكَ حَمِيْدٌ مَّجِيْدٌ ط أَللّٰهُمَّ بَارِكْ عَلٰى

مُحَمَّدٍ وَّعَلٰى اٰلِ مُحَمَّدٍ كَمَا بَارَكْتَ عَلٰى اٰلِ اِبْرَاهِيْمَ
اِنَّكَ حَمِيْدٌ مَّجِيْدٌ ط

'ALLĀHUMMA ṢALLI `ALĀ MUḤAMMADIW-WA `ALĀ 'ĀLI MUḤAMMAD, KAMĀ ṢALLAYTA `ALĀ 'IBRĀHĪM, 'INNAKA ḤAMĪDUM MAJĪD. 'ALLĀHUMMA BĀRIK `ALĀ MUḤAMMADIW-WA `ALĀ 'ĀLI MUḤAMMAD, KAMĀ BĀRAKTA `ALĀ 'ĀLI 'IBRĀHĪM, 'INNAKA ḤAMĪDUM MAJĪD.

O Allāh! Send salutations upon Muḥammad
and the family of Muḥammad,
in the manner that You sent salutations upon Ibrāhīm.
You are the Praiseworthy, the Majesty.
O Allāh! Send blessings upon Muḥammad
and the family of Muḥammad,
in the manner that You sent blessings
upon the family of Ibrāhīm.
You are the Praiseworthy, the Majesty.

Abū Dāwūd

---- 11 ----

اَللّٰهُمَّ صَلِّ عَلٰى مُحَمَّدٍ وَّعَلٰى اٰلِ مُحَمَّدٍ كَمَا صَلَّيْتَ عَلٰى
اٰلِ اِبْرَاهِيْمَ وَبَارِكْ عَلٰى مُحَمَّدٍ وَّعَلٰى اٰلِ مُحَمَّدٍ كَمَا بَارَكْتَ
عَلٰى اٰلِ اِبْرَاهِيْمَ فِي الْعَالَمِيْنَ اِنَّكَ حَمِيْدٌ مَّجِيْدٌ ط

'ALLĀHUMMA ṢALLI `ALĀ MUḤAMMADIW-WA `ALĀ 'ĀLI MUḤAMMAD, KAMĀ ṢALLAYTA `ALĀ 'ĀLI 'IBRĀHĪM, WA BĀRIK `ALĀ MUḤAMMADIW-WA `ALĀ 'ĀLI MUḤAMMAD, KAMĀ BĀRAKTA `ALĀ 'ĀLI 'IBRĀHĪMA FIL `ĀLAMĪN, 'INNAKA ḤAMĪDUM MAJĪD.

O Allāh! Send salutations upon Muḥammad and the family of Muḥammad, in the manner that You sent salutations upon the family of Ibrāhīm. And send blessings upon Muḥammad and the family of Muḥammad, in the manner that You sent blessings upon the family of Ibrāhīm in all the worlds. You are the Praiseworthy, the Majesty.

Muslim

---- 12 ----

أَللّٰهُمَّ صَلِّ عَلٰى مُحَمَّدٍ وَّأَزْوَاجِهٖ وَذُرِّيَّتِهٖ كَمَا صَلَّيْتَ
عَلٰى اٰلِ اِبْرَاهِيْمَ وَبَارِكْ عَلٰى مُحَمَّدٍ وَّأَزْوَاجِهٖ
وَذُرِّيَّتِهٖ كَمَا بَارَكْتَ عَلٰى اٰلِ اِبْرَاهِيْمَ
اِنَّكَ حَمِيْدٌ مَّجِيْدٌ ط

‘ALLĀHUMMA ṢALLI `ALĀ MUḤAMMADIW-WA
‘AZWĀJIHĪ WA DHUR-RIYYATIH, KAMĀ
ṢALLAYTA `ALĀ ’ĀLI ‘IBRĀHĪM.
WA BĀRIK `ALĀ MUḤAMMADIW-WA
‘AZWĀJIHĪ WA DHUR-RIYYATIH, KAMĀ
BĀRAKTA `ALĀ ’ĀLI ‘IBRĀHĪM,
‘INNAKA ḤAMĪDUM MAJĪD.

O Allāh! Send salutations upon Muḥammad
and his wives and children, in the manner that
You sent salutation upon the family of Ibrāhīm.
And send blessings upon Muḥammad
and his wives and children,
in the manner that You sent blessings
upon the family of Ibrāhīm.
You are the Praiseworthy, the Majesty.

al Bukhārī

---- 13----

أَللّٰهُمَّ صَلِّ عَلٰى مُحَمَّدٍ وَّعَلٰى أَزْوَاجِهٖ وَذُرِّيَّتِهٖ كَمَا
صَلَّيْتَ عَلٰى اٰلِ اِبْرَاهِيْمَ وَبَارِكْ عَلٰى مُحَمَّدٍ
وَّعَلٰى أَزْوَاجِهٖ وَذُرِّيَّتِهٖ كَمَا بَارَكْتَ
عَلٰى اٰلِ اِبْرَاهِيْمَ اِنَّكَ حَمِيْدٌ مَّجِيْدٌ ط

‘ALLĀHUMMA ṢALLI `ALĀ MUḤAMMADIW-WA `ALĀ
‘AZWĀJIHĪ WA DHUR-RIYYATIH, KAMĀ

ṢALLAYTA `ALĀ 'ĀLI 'IBRĀHĪM.
WA BĀRIK `ALĀ MUḤAMMADIW-WA `ALĀ
'AZWĀJIHĪ WA DHUR-RIYYATIH, KAMĀ
BĀRAKTA `ALĀ 'ĀLI 'IBRĀHĪM,
'INNAKA ḤAMĪDUM MAJĪD.

*O Allāh! Send salutations upon Muāammad
and upon his wives and children,
in the manner that You sent salutation
upon the family of Ibrāhīm.
And send blessings upon Muḥammad
and upon his wives and children,
in the manner that You sent blessings
upon the family of Ibrāhīm.
You are the Praiseworthy, the Majesty.*

Muslim

---- 14 ----

أَللّٰهُمَّ صَلِّ عَلٰى مُحَمَّدِ النَّبِيِّ وَأَزْوَاجِهِ أُمَّهَاتِ
الْمُؤْمِنِيْنَ وَذُرِّيَّتِهِ وَأَهْلِ بَيْتِهِ كَمَا صَلَّيْتَ عَلٰى
اِبْرَاهِيْمَ اِنَّكَ حَمِيْدٌ مَّجِيْدٌ ط

'ALLĀHUMMA ṢALLI `ALĀ MUḤAMMADI-NIN-NABIYYI
WA 'AZWĀJIHĪ 'UMMAHĀTIL MU'MINĪNA
WA DHUR-RIYYATIHĪ WA 'AHLI BAYTIH,
KAMĀ ṢALLAYTA `ALĀ 'IBRĀHĪM.
'INNAKA ḤAMĪDUM MAJĪD.

O Allāh! Send salutations upon Muḥammad the Prophet, and his wives the mothers of the believers, and his children, and those of his household in the manner that You sent salutations upon Ibrāhīm. You are the Praiseworthy, the Majesty.

Abū Dāwūd

---- 15 ----

أَللّٰهُمَّ صَلِّ عَلٰى مُحَمَّدٍ وَّعَلٰى اٰلِ مُحَمَّدٍ كَمَا صَلَّيْتَ
عَلٰى اِبْرَاهِيْمَ وَ اٰلِ اِبْرَاهِيْمَ وَبَارِكْ عَلٰى مُحَمَّدٍ وَّعَلٰى
اٰلِ مُحَمَّدٍ كَمَا بَارَكْتَ عَلٰى اِبْرَاهِيْمَ وَاٰلِ اِبْرَاهِيْمَ
وَتَرَحَّمْ عَلٰى مُحَمَّدٍ وَّعَلٰى اٰلِ مُحَمَّدٍ كَمَا
تَرَحَّمْتَ عَلٰى اِبْرَاهِيْمَ وَ اٰلِ اِبْرَاهِيْمَ ط

'ALLĀHUMMA ṢALLI `ALĀ MUḤAMMADIW-WA `ALĀ 'ĀLI MUḤAMMAD, KAMĀ ṢALLAYTA `ALĀ 'IBRĀHĪMA WA 'ĀLI 'IBRĀHĪM. WA BĀRIK `ALĀ MUḤAMMADIW-WA `ALĀ 'ĀLI MUḤAMMAD, KAMĀ BĀRAKTA `ALĀ 'IBRĀHĪMA WA 'ĀLI 'IBRĀHĪM. WA TARAḤ-ḤAM `ALĀ MUḤAMMADIW-WA `ALĀ 'ĀLI MUḤAMMAD, KAMĀ TARAḤ-ḤAMTA `ALĀ 'IBRĀHĪMA WA 'ĀLI 'IBRĀHĪM.

O Allāh! Send salutations upon Muḥammad
and the family of Muḥammad,
in the manner that You sent salutations
upon Ibrāhīm and the family of Ibrāhīm.
And send blessings upon Muḥammad
and the family of Muḥammad,
in the manner that You sent blessings upon
Ibrāhīm and the family of Ibrāhīm.
And send mercy upon Muḥammad
and the family of Muḥammad,
in the manner that You sent mercy upon
Ibrāhīm and the family of Ibrāhīm.

Ādāb al Mufrad Li al Bukhārī

---- 16 ----

أَللّٰهُمَّ صَلِّ عَلٰى مُحَمَّدٍ وَّعَلٰى اٰلِ مُحَمَّدٍ كَمَا صَلَّيْتَ
عَلٰى اِبْرَاهِيْمَ وَعَلٰى اٰلِ اِبْرَاهِيْمَ اِنَّكَ حَمِيْدٌ مَّجِيْدٌ ج
أَللّٰهُمَّ بَارِكْ عَلٰى مُحَمَّدٍ وَّعَلٰى اٰلِ مُحَمَّدٍ كَمَا بَارَكْتَ
عَلٰى أِبْرَاهِيْمَ وَعَلٰى اٰلِ اِبْرَاهِيْمَ اِنَّكَ حَمِيْدٌ مَّجِيْدٌ ج
أَللّٰهُمَّ تَرَحَّمْ عَلٰى مُحَمَّدٍ وَّعَلٰى اٰلِ مُحَمَّدٍ كَمَا
تَرَحَّمْتَ عَلٰى اِبْرَاهِيْمَ وَعَلٰى اٰلِ اِبْرَاهِيْمَ اِنَّكَ حَمِيْدٌ
مَّجِيْدٌ ج أَللّٰهُمَّ تَحَنَّنْ عَلٰى مُحَمَّدٍ وَّعَلٰى اٰلِ مُحَمَّدٍ كَمَا

تَحَنَّنْتَ عَلٰى اِبْرَاهِيْمَ وَعَلٰى اٰلِ اِبْرَاهِيْمَ اِنَّكَ حَمِيْدٌ مَّجِيْدٌ ج اَللّٰهُمَّ سَلِّمْ عَلٰى مُحَمَّدٍ وَّعَلٰى اٰلِ مُحَمَّدٍ كَمَا

سَلَّمْتَ عَلٰى اِبْرَاهِيْمَ وَعَلٰى اٰلِ اِبْرَاهِيْمَ

اِنَّكَ حَمِيْدٌ مَّجِيْدٌ ج

'ALLĀHUMMA ṢALLI `ALĀ MUḤAMMADIW-WA `ALĀ
'ĀLI MUḤAMMAD, KAMĀ ṢALLAYTA `ALĀ
'IBRĀHĪMA WA `ALĀ 'ĀLI 'IBRĀHĪM.
'INNAKA ḤAMĪDUM MAJĪD.
'ALLĀHUMMA BĀRIK `ALĀ MUḤAMMADIW-WA `ALĀ
'ĀLI MUḤAMMAD, KAMĀ BĀRAKTA `ALĀ
'IBRĀHĪMA WA `ALĀ 'ĀLI 'IBRĀHĪM.
'INNAKA ḤAMĪDUM MAJĪD.
'ALLĀHUMMA TARAḤ-ḤAM `ALĀ MUḤAMMADIW-WA `ALĀ
'ĀLI MUḤAMMAD, KAMĀ TARAḤ-ḤAMTA
`ALĀ 'IBRĀHĪMA WA `ALĀ 'ĀLI 'IBRĀHĪM.
'INNAKA ḤAMĪDUM MAJĪD.
'ALLĀHUMMA TAḤAN-NAN `ALĀ MUḤAMMADIW-WA `ALĀ
'ĀLI MUḤAMMAD, KAMĀ TAḤAN-NANTA
`ALĀ 'IBRĀHĪMA WA `ALĀ 'ĀLI 'IBRĀHĪM.
'INNAKA ḤAMĪDUM MAJĪD.
'ALLĀHUMMA SAL-LIM `ALĀ MUḤAMMADIW-WA `ALĀ
'ĀLI MUḤAMMAD, KAMĀ SAL-LAMTA
`ALĀ 'IBRĀHĪMA WA `ALĀ 'ĀLI 'IBRĀHĪM.
'INNAKA ḤAMĪDUM MAJĪD.

O Allāh! Send salutations upon Muḥammad
and the family of Muḥammad,
in the manner that You sent salutations upon
Ibrāhīm and the family of Ibrāhīm.
You are the Praiseworthy, the Majesty.
O Allāh! Send blessings upon Muḥammad
and the family of Muḥammad,
in the manner that You sent blessings upon
Ibrāhīm and the family of Ibrāhīm.
You are the Praiseworthy, the Majesty.
O Allāh! Send mercy upon Muḥammad
and the family of Muḥammad,
in the manner that You sent mercy upon
Ibrāhīm and the family of Ibrāhīm.
You are the Praiseworthy, the Majesty.
O Allāh! Show compassion on Muḥammad
and the family of Muḥammad,
in the manner that You showed compassion upon
Ibrāhīm and the family of Ibrāhīm.
You are the Praiseworthy, the Majesty.
O Allāh! Send peace upon Muḥammad
and the family of Muḥammad,
in the manner that You sent peace upon
Ibrāhīm and the family of Ibrāhīm.
You are the Praiseworthy, the Majesty.

Ma`rifah `Ulūm al-Ḥadīth Li Naysābūrī

---- 17 ----

أَللّٰهُمَّ صَلِّ عَلٰى مُحَمَّدٍ وَّعَلٰى اٰلِ مُحَمَّدٍ ج وَّبَارِكْ
عَلٰى مُحَمَّدٍ وَّعَلٰى اٰلِ مُحَمَّدٍ ج وَّارْحَمْ

مُحَمَّدًا وَّآلِ مُحَمَّدٍ كَمَا صَلَّيْتَ وَبَارَكْتَ وَتَرَحَّمْتَ
عَلٰى اِبْرَاهِيْمَ اِنَّكَ حَمِيْدٌ مَّجِيْدٌ ط

'ALLĀHUMMA ṢALLI `ALĀ MUḤAMMADIW-WA `ALĀ 'ĀLI MUḤAMMAD, WA BĀRIK `ALĀ MUḤAMMADIW-WA `ALĀ 'ĀLI MUḤAMMAD, WARḤAM MUḤAMMADAW-WA 'ĀLA MUḤAMMAD, KAMĀ ṢALLAYTA WA BĀRAKTA WA TARAḤ-ḤAMTA `ALĀ 'IBRĀHĪM, 'INNAKA ḤAMĪDUM MAJĪD.

O Allāh! Send salutations upon Muḥammad and the family of Muḥammad, and send blessings upon Muḥammad and the family of Muḥammad, and send mercy upon Muḥammad and the family of Muḥammad, in the manner that You sent salutations, blessings and mercy upon Ibrāhīm You are the Praiseworthy, the Majesty.

al Ḥākim

---- 18 ----

اَللّٰهُمَّ صَلِّ عَلٰى مُحَمَّدٍ وَّعَلٰى اٰلِ مُحَمَّدٍ كَمَا صَلَّيْتَ
عَلٰى اِبْرَاهِيْمَ وَعَلٰى اٰلِ اِبْرَاهِيْمَ اِنَّكَ حَمِيْدٌ مَّجِيْدٌ ج

أَللّٰهُمَّ بَارِكْ عَلٰى مُحَمَّدٍ وَّعَلٰى أٰلِ مُحَمَّدٍ كَمَا بَارَكْتَ
عَلٰى اِبْرَاهِيْمَ وَعَلٰى أٰلِ اِبْرَاهِيْمَ اِنَّكَ حَمِيْدٌ مَّجِيْدٌ ج

'ALLĀHUMMA ṢALLI `ALĀ MUḤAMMADIW-WA `ALĀ
'ĀLI MUḤAMMAD, KAMĀ ṢALLAYTA
`ALĀ 'IBRĀHĪMA WA `ALĀ 'ĀLI 'IBRĀHĪM.
'INNAKA ḤAMĪDUM MAJĪD.
'ALLĀHUMMA BĀRIK `ALĀ MUḤAMMADIW-WA `ALĀ
'ĀLI MUḤAMMAD, KAMĀ BĀRAKTA
`ALĀ 'IBRĀHĪMA WA `ALĀ 'ĀLI 'IBRĀHĪM.
'INNAKA ḤAMĪDUM MAJĪD.

O Allāh! Send salutations upon Muḥammad
and the family of Muḥammad,
in the manner that You sent salutations
upon Ibrāhīm and the family of Ibrāhīm.
You are the Praiseworthy, the Majesty.
O Allāh! Send blessings upon Muḥammad
and the family of Muḥammad,
in the manner that You sent blessings
upon Ibrāhīm and the family of Ibrāhīm.
You are the Praiseworthy, the Majesty.

al Bukhārī, Muslim, at Tirmidhī,
Abū Dāwūd, an Nasa'ī, and Ibn Mājah

---- 19 ----

أَللّٰهُمَّ صَلِّ عَلٰى مُحَمَّدٍ عَبْدِكَ وَرَسُوْلِكَ كَمَا صَلَّيْتَ

عَلٰى أٰلِ اِبْرَاهِيْمَ وَبَارِكْ عَلٰى مُحَمَّدٍ وَّعَلٰى أٰلِ مُحَمَّدٍ

كَمَا بَارَكْتَ عَلٰى أٰلِ اِبْرَاهِيْمَ اِنَّكَ حَمِيْدٌ مَّجِيْدٌ ج

'ALLĀHUMMA ṢALLI `ALĀ MUḤAMMADIN `ABDIKA WA RASŪLIK, KAMĀ ṢALLAYTA `ALĀ 'ĀLI 'IBRĀHĪM WA BĀRIK `ALĀ MUḤAMMADIW-WA `ALĀ 'ĀLI MUḤAMMAD, KAMĀ BĀRAKTA `ALĀ 'ĀLI 'IBRĀHĪM. 'INNAKA ḤAMĪDUM-MAJĪD.

O Allāh! Send salutations upon Muḥammad,
(who is) Your servant and Messenger,
in the manner that You sent salutations
upon the family of Ibrāhīm.
And send blessings upon Muḥammad
and the family of Muḥammad,
in the manner that You sent blessings
upon the family of Ibrāhīm.
You are the Praiseworthy, the Majesty.

al Bukhārī

---- 20 ----

أَللّٰهُمَّ صَلِّ عَلٰى مُحَمَّدِ ۨالنَّبِيِّ الْأُمِّيِّ وَعَلٰى أٰلِ مُحَمَّدٍ

كَمَا صَلَّيْتَ عَلٰى اِبْرَاهِيْمَ وَبَارِكْ عَلٰى مُحَمَّدِ ۨالنَّبِيِّ

الْأُمِّيِّ كَمَا بَارَكْتَ عَلٰى اِبْرَاهِيْمَ اِنَّكَ حَمِيْدٌ مَّجِيْدٌ ج

'ALLĀHUMMA ṢALLI `ALĀ MUḤAMMADI-NIN-NABIYYIL-
'UMMIYYI WA `ALĀ 'ĀLI MUḤAMMAD,
KAMĀ ṢALLAYTA `ALĀ 'IBRĀHĪM,
WA BĀRIK `ALĀ MUḤAMMADI-NIN-NABIYYIL
'UMMIYYI KAMĀ BĀRAKTA `ALĀ 'IBRĀHĪM,
'INNAKA ḤAMĪDUM-MAJĪD.

O Allāh! Send salutations upon Muḥammad,
the untaught Prophet, and the family of Muḥammad,
in the manner that You sent salutations upon
Ibrāhīm And send blessings upon Muḥammad,
the untaught Prophet, in the manner that
You sent blessings upon Ibrāhīm.
You are the Praiseworthy, the Majesty.

an Nasa'ī

---- 21 ----

اَللّٰهُمَّ صَلِّ عَلٰى مُحَمَّدِ نِالنَّبِيِّ الْاُمِّيِّ وَعَلٰى اٰلِ مُحَمَّدٍ
كَمَا صَلَّيْتَ عَلٰى اِبْرَاهِيْمَ وَعَلٰى اٰلِ اِبْرَاهِيْمَ ج
وَبَارِكْ عَلٰى مُحَمَّدِ نِالنَّبِيِّ الْاُمِّيِّ وَعَلٰى اٰلِ مُحَمَّدٍ
كَمَا بَارَكْتَ عَلٰى اِبْرَاهِيْمَ وَعَلٰى اٰلِ اِبْرَاهِيْمَ
اِنَّكَ حَمِيْدٌ مَّجِيْدٌ ط

'ALLĀHUMMA ṢALLI `ALĀ MUḤAMMADI-NIN-NABIYYIL-
'UMMIYYI WA `ALĀ 'ĀLI MUḤAMMAD,
KAMĀ ṢALLAYTA `ALĀ 'IBRĀHĪMA
WA `ALĀ 'ĀLI 'IBRĀHĪM.
WA BĀRIK `ALĀ MUḤAMMADI-NIN-NABIYYIL
'UMMIYYI WA `ALĀ 'ĀLI MUḤAMMAD,
KAMĀ BĀRAKTA `ALĀ 'IBRĀHĪMA
WA `ALĀ 'ĀLI 'IBRĀHĪM.
'INNAKA ḤAMĪDUM-MAJĪD.

O Allāh! Send salutations upon Muḥammad,
the untaught Prophet, and the family of Muḥammad,
in the manner that You sent salutations
upon Ibrāhīm and the family of Ibrāhīm.
And send blessings upon Muḥammad,
the untaught Prophet, in the manner
that You sent blessings upon
Ibrāhīm and the family of Ibrāhīm.
You are the Praiseworthy, the Majesty.

al Ḥākim, al Bayhaqī

---- 22 ----

اَللّٰهُمَّ صَلِّ عَلٰى مُحَمَّدٍ وَّعَلٰى أَهْلِ بَيْتِهٖ كَمَا صَلَّيْتَ
عَلٰى اِبْرَاهِيْمَ اِنَّكَ حَمِيْدٌ مَّجِيْدٌ أَللّٰهُمَّ صَلِّ عَلَيْنَا مَعَهُمْ
أَللّٰهُمَّ بَارِكْ عَلٰى مُحَمَّدٍ وَّعَلٰى أَهْلِ بَيْتِهٖ كَمَا بَارَكْتَ
عَلٰى اٰلِ اِبْرَاهِيْمَ اِنَّكَ حَمِيْدٌ مَّجِيْدٌ أَللّٰهُمَّ بَارِكْ عَلَيْنَا

مَعَهُمْ صَلَوَاتُ اللهِ وَصَلَوَاتُ الْمُؤْمِنِيْنَ

عَلٰى مُحَمَّدِ النَّبِيِّ الْأُمِّيِّ ط

'ALLĀHUMMA ṢALLI `ALĀ MUḤAMMADIW WA `ALĀ 'AHLI BAYTIH, KAMĀ ṢALLAYTA `ALĀ 'IBRĀHĪM, 'INNAKA ḤAMĪDUM MAJĪD. 'ALLĀHUMMA ṢALLI `ALAYNĀ MA`AHUM. 'ALLĀHUMMA BĀRIK `ALĀ MUḤAMMADIW WA `ALĀ 'AHLI BAYTIH, KAMĀ BĀRAKTA `ALĀ 'ĀLI 'IBRĀHĪM. 'INNAKA ḤAMĪDUM MAJĪD. 'ALLĀHUMMA BĀRIK `ALAYNĀ MA`AHUM. ṢALAWĀTUL-LĀHI WA ṢALAWĀTUL MU'MINĪNA `ALĀ MUḤAMMADI-NIN-NABIYYIL 'UMMIYY.

O Allāh! Send salutations upon Muḥammad and those of his household in the manner that You sent salutations upon Ibrāhīm. You are the Praiseworthy, the Majesty. O Allāh! Send salutations upon us with them. O Allāh! Send blessings upon Muḥammad and those of his household in the manner that You sent blessings upon the family of Ibrāhīm. You are the Praiseworthy, the Majesty. O Allāh! Send blessings upon us with them. May Allāh's salutations and the salutations of the believers be upon Muḥammad the untaught Prophet.

Dāraquṭnī

---- 23 ----

أَللّٰهُمَّ اجْعَلْ صَلَوَاتِكَ وَرَحْمَتَكَ وَبَرَكَاتِكَ عَلٰى مُحَمَّدٍ

وَّعَلٰى اٰلِ مُحَمَّدٍ كَمَا جَعَلْتَهَا عَلٰى اِبْرَاهِيْمَ

وَعَلٰى اٰلِ اِبْرَاهِيْمَ اِنَّكَ حَمِيْدٌ مَّجِيْدٌ ج

'ALLĀHUM-MAJ-`AL ṢALAWĀTIKA WA RAḤMATAKA
WA BARAKĀTIKA `ALĀ MUḤAMMADIW-WA `ALĀ
'ĀLI MUḤAMMAD, KAMĀ JA`ALTAHĀ `ALĀ
'IBRĀHĪM WA `ALĀ 'ĀLI 'IBRĀHĪM.
'INNAKA ḤAMĪDUM MAJĪD.

O Allāh send Your salutations, Your mercy
and Your blessings upon Muḥammad
and the family of Muḥammad,
in the manner that You sent them
upon Ibrāhīm and upon the family of Ibrāhīm.
You are the Praiseworthy, the Majesty.

Musnad Aḥmad

---- 24 ----

وَصَلَّى اللهُ عَلَى النَّبِـيِّ مُحَمَّدٍ

WA ṢALLAL-LĀHU `ALAN-NABIYYI MUḤAMMAD.

May Allāh send salutations upon the Prophet, Muḥammad.

an Nasa'ī

---- 25 ----

أَلتَّحِيَّاتُ لِلّٰهِ وَالصَّلَوَاتُ وَالطَّيِّبَاتُ ج أَلسَّلَامُ
عَلَيْكَ ايُّهَا النَّبِيُّ وَرَحْمَةُ اللّٰهِ وَبَرَكَاتُهٗ ج أَلسَّلَامُ عَلَيْنَا
وَعَلٰى عِبَادِ اللّٰهِ الصَّالِحِيْنَ ج أَشْهَدُ أَنْ لَّآ اِلٰهَ اِلَّا اللّٰهُ
وَأَشْهَدُ أَنَّ مُحَمَّدًا عَبْدُهٗ وَرَسُوْلُهٗ ط

'AT-TAḤIYYĀTU LILLĀHI WAṢ-ṢALAWĀTU
WAṬ-ṬAYYIBĀT. 'AS-SALĀMU `ALAYKA
'AYYUHAN-NABIYYU WA
RAḤMATUL-LĀHI WA BARAKĀTUH.
'AS-SALĀMU `ALAYNĀ WA `ALĀ
`IBĀDIL-LĀHIṢ-ṢĀLIḤĪN.
'ASH-HADU 'ALLĀ 'ILĀHA 'ILLAL-LĀH,
WA 'ASH-HADU 'ANNA MUḤAMMADAN
`ABDUHŪ WA RASŪLUH.

For Allāh are all greetings, salutations and good.
Peace be upon you, O Messenger;
and Allāh's mercy and blessings.
Peace be upon us and upon Allāh's pious servants.
I bear witness that there are
none worthy of worship but Allāh.
And I bear witness that Muḥammad is
His servant and Messenger.

al Bukhārī, an Nasa'ī

---- 26 ----

أَلتَّحِيَّاتُ الطَّيِّبَاتُ الصَّلَوَاتُ لِلّٰهِ ج أَلسَّلَامُ عَلَيْكَ اَيُّهَا

النَّبِيُّ وَرَحْمَةُ اللهِ وَبَرَكَاتُهٗ ج أَلسَّلَامُ عَلَيْنَا وَعَلٰى عِبَادِ

اللهِ الصَّالِحِيْنَ ج أَشْهَدُ أَنْ لَّآ اِلٰهَ اِلَّا اللهُ وَأَشْهَدُ

أَنَّ مُحَمَّدًا عَبْدُهٗ وَرَسُوْلُهٗ ط

'AT-TAḤIYYĀTUṬ-ṬAYYIBĀTUṢ-ṢALAWĀTU LILLĀH.
'AS-SALĀMU `ALAYKA 'AYYUHAN-NABIYYU
WA RAḤMATUL-LĀHI WA BARAKĀTUH.
'AS-SALĀMU `ALAYNĀ WA `ALĀ
`IBĀDIL-LĀHIṢ-ṢĀLIḤĪN.
'ASH-HADU 'ALLĀ 'ILĀHA 'ILLAL-LĀH,
WA 'ASH-HADU 'ANNA MUḤAMMADAN
`ABDUHŪ WA RASŪLUH.

For Allāh are all greetings, good and salutations.
Peace be upon you, O Messenger;
and Allāh's mercy and blessings.
Peace be upon us and upon Allāh's pious servants.
I bear witness that there are
none worthy of worship but Allāh.
And I bear witness that Muḥammad is
His servant and Messenger.

Muslim, an Nasa'ī

---- 27 ----

أَلتَّحِيَّاتُ لِلّٰهِ الطَّيِّبَاتُ الصَّلَوَاتُ لِلّٰهِ أَلسَّلَامُ عَلَيْكَ
اَيُّهَا النَّبِيُّ وَرَحْمَةُ اللهِ وَبَرَكَاتُهٗ أَلسَّلَامُ عَلَيْنَا وَعَلٰى
عِبَادِ اللهِ الصَّالِحِيْنَ أَشْهَدُ أَنْ لَّآ اِلٰهَ اِلَّا اللهُ وَحْدَهٗ
لَاشَرِيْكَ لَهٗ وَأَشْهَدُ أَنَّ مُحَمَّدًا عَبْدُهٗ وَرَسُوْلُهٗ ط

'AT-TAḤIYYĀTU LILLĀHIṬ-ṬAYYIBĀTUṢ-ṢALAWĀTU LILLĀH.
'AS-SALĀMU `ALAYKA 'AYYUHAN-NABIYYU
WA RAḤMATUL-LĀHI WA BARAKĀTUH.
'AS-SALĀMU `ALAYNĀ WA `ALĀ `IBĀDIL-
LĀHIṢ-ṢĀLIḤĪN. 'ASH-HADU 'ALLĀ 'ILĀHA
' ILLAL-LĀHU WAḤDAHŪ LĀ SHARĪKA LAH.
WA 'ASH-HADU 'ANNA MUḤAMMADAN
`ABDUHŪ WA RASŪLUH.

For Allāh are all greetings.
For Allāh are all salutations and good.
Peace be upon you, O Messenger;
and Allāh's mercy and blessings.
Peace be upon us and upon Allāh's pious servants.
I bear witness that there are
none worthy of worship but Allāh,
Who is alone, Who has no partner.
And I bear witness that Muḥammad is
His servant and Messenger.

an Nasa'ī

---- 28 ----

أَلتَّحِيَّاتُ الْمُبَارَكَاتُ الصَّلَوَاتُ الطَّيِّبَاتُ لِلّٰهِ ج سَلَامٌ

عَلَيْكَ اَيُّهَا النَّبِيُّ وَرَحْمَةُ اللهِ وَبَرَكَاتُهُ ج سَلَامٌ عَلَيْنَا

وَعَلٰى عِبَادِ اللهِ الصَّالِحِيْنَ ج أَشْهَدُ أَنْ لَّآ اِلٰهَ إِلَّا اللهُ

وَأَشْهَدُ أَنَّ مُحَمَّدًا عَبْدُهٗ وَرَسُوْلُهٗ ط

'AT-TAḤIYYĀTUL MUBĀRAKĀTUṢ-ṢALAWĀTUṬ-ṬAYYIBĀTU LILLĀH. SALĀMUN `ALAYKA 'AYYUHAN-NABIYYU WA RAḤMATUL-LĀHI WA BARAKĀTUH. SALĀMUN `ALAYNĀ WA `ALĀ `IBĀDIL-LĀHIṢ-ṢĀLIḤĪN. 'ASH-HADU 'ALLĀ 'ILĀHA 'ILLAL-LĀHU WA 'ASH-HADU 'ANNA MUḤAMMADAN `ABDUHŪ WA RASŪLUH.

For Allāh are all greetings,
blessings, salutations and good.
Peace be upon you, O Messenger;
and Allāh's mercy and blessings.
Peace be upon us and upon Allāh's pious servants.
I bear witness that there are
none worthy of worship but Allāh.
And I bear witness that Muḥammad is
his servant and Messenger.

an Nasa'ī

---- 29 ----

بِسْمِ اللهِ وَبِاللهِ ج أَلتَّحِيَّاتُ لِلّٰهِ وَالصَّلَوَاتُ وَالطَّيِّبَاتُ ج
أَلسَّلَامُ عَلَيْكَ اَيُّهَا النَّبِيُّ وَرَحْمَةُ اللهِ وَبَرَكَاتُهٗ ج أَلسَّلَامُ
عَلَيْنَا وَعَلٰى عِبَادِ اللهِ الصَّالِحِيْنَ أَشْهَدُ أَنْ لَّآ اِلٰهَ اِلَّا اللهُ
وَ أَشْهَدُ أَنَّ مُحَمَّدًا عَبْدُهٗ وَرَسُوْلُهٗ ج أَسْأَلُ اللهَ الْجَنَّةَ
وَأَعُوْذُ بِاللهِ مِنَ النَّارِ ط

BISMIL-LĀHI WA BILLĀH. ‘AT-TAḤIYYĀTU LILLĀHI
WAṢ-ṢALAWĀTU WAṬ-ṬAYYIBĀT.
‘AS-SALĀMU `ALAYKA ‘AYYUHAN-NABIYYU
WA RAḤMATUL-LĀHI WA BARAKĀTUH.
‘AS-SALĀMU `ALAYNĀ WA `ALĀ
`IBĀDIL-LĀHIṢ-ṢĀLIḤĪN.
‘ASH-HADU ‘ALLĀ ‘ILĀHA ‘ILLAL-LĀH,
WA ‘ASH-HADU ‘ANNA MUḤAMMADAN `ABDUHŪ WA RASŪLUH.
‘AS’ALUL-LĀHAL JANNAH,
WA ‘A`ŪDHU BILLĀHI MINAN-NĀR.

In the name of Allāh and with Allāh.
For Allāh are all greetings, salutations and good.
Peace be upon you, O Messenger;
and Allāh’s mercy and blessings.
Peace be upon us and upon Allāh’s pious servants.
I bear witness that there are none
worthy of worship but Allāh.

And I bear witness that Muḥammad is
His servant and Messenger.
I ask Allāh for Jannah and I seek
Allāh's refuge from the Fire.

an Nasa'ī

---- 30 ----

أَلتَّحِيَّاتُ لِلّٰهِ الزَّاكِيَاتُ لِلّٰهِ الطَّيِّبَاتُ الصَّلَوَاتُ لِلّٰهِ ج
أَلسَّلَامُ عَلَيْكَ اَيُّهَا النَّبِيُّ وَرَحْمَةُ اللهِ وَبَرَكَاتُهٗ ج أَلسَّلَامُ
عَلَيْنَا وَعَلٰى عِبَادِ اللهِ الصَّالِحِيْنَ ج أَشْهَدُ أَنْ لَّآ اِلٰهَ
اِلَّا اللهُ وَأَشْهَدُ أَنَّ مُحَمَّدًا عَبْدُهٗ وَرَسُوْلُهٗ ج

'AT-TAḤIYYATU LILLĀHIZ-ZĀKIYĀTU
LILLĀHIṬ-ṬAYYIBĀTUṢ-ṢALAWĀTU LILLĀH.
'AS-SALĀMU `ALAYKA 'AYYUHAN-NABIYYU
WA RAḤMATUL-LĀHI WA BARAKĀTUH.
'AS-SALĀMU `ALAYNĀ WA `ALĀ
`IBĀDIL-LĀHIṢ-ṢĀLIḤĪN.
'ASH-HADU 'ALLĀ 'ILĀHA 'ILLAL-LĀH,
WA 'ASH-HADU 'ANNA MUḤAMMADAN
`ABDUHŪ WA RASŪLUH.

For Allāh are all greetings.
For Allāh is all purity.
For Allāh is all good and salutations.
Peace be upon you, O Messenger;
and Allāh's mercy and blessings.

Peace be upon us and upon Allāh's pious servants.
I bear witness that there are
none worthy of worship but Allāh.
And I bear witness that Muḥammad is
His servant and Messenger.

al Muwaṭṭa' Li Mālik

---- 31 ----

بِسْمِ اللهِ وَبِاللهِ خَيْرِ الْأَسْمَآءِ أَلتَّحِيَّاتُ الطَّيِّبَاتُ
الصَّلَوَاتُ لِلّٰهِ ج أَشْهَدُ أَنْ لَّآ اِلٰهَ اِلَّا اللهُ وَحْدَهٗ لَاشَرِيْكَ
لَهٗ وَأَشْهَدُ أَنَّ مُحَمَّدًا عَبْدُهٗ وَرَسُوْلُهٗ ج أَرْسَلَهٗ بِالْحَقِّ
بَشِيْرًا وَّنَذِيْرًا ج وَأَنَّ السَّاعَةَ اٰتِيَةٌ لَّارَيْبَ فِيْهَا ج
أَلسَّلَامُ عَلَيْكَ اَيُّهَا النَّبِيُّ وَرَحْمَةُ اللهِ وَبَرَكَاتُهٗ ج
أَلسَّلَامُ عَلَيْنَا وَعَلٰى عِبَادِ اللهِ الصَّالِحِيْنَ ج
أَللّٰهُمَّ اغْفِرْلِيْ وَاهْدِنِيْ ط

BISMIL-LĀHI WA BILLĀHI KHAYRIL 'ASMĀ'.
'AT-TAḤIYYĀTUṬ-ṬAYYIBĀTUṢ-ṢALAWĀTU LILLĀH.
'ASH-HADU 'ALLĀ 'ILĀHA 'ILLAL-LĀHU WAḤDAHŪ
LĀ SHARĪKA LAH. WA 'ASH-HADU 'ANNA
MUḤAMMADAN `ABDUHŪ WA RASŪLUH.
'ARSALAHŪ BIL ḤAQQI BASHĪRAW-WA NADHĪRĀ.

WA ‘ANNAS-SĀ`ATA ‘ĀTIYATUL-LĀ RAYBA FĪHĀ.
‘AS-SALĀMU `ALAYKA ‘AYYUHAN-NABIYYU
WA RAḤMATUL-LĀHI WA BARAKĀTUH.
‘AS-SALĀMU `ALAYNĀ WA `ALĀ
`IBĀDIL-LĀHIṢ-ṢĀLIḤĪN.
‘ALLĀHUM-MAGHFIRLĪ WAHDINĪ.

In the name of Allāh,
and with Allāh are the best names.
For Allāh are all greetings,
good and salutations.
I bear witness that there are
none worthy of worship but Allāh,
Who is alone, Who has no partner.
And I bear witness that there Muḥammad is
His servant and Messenger,
who is sent with the Truth as a bearer of
glad-tidings and as a warner.
(And I bear witness) that the
Last Day is coming without doubt.
Peace be upon you, O Messenger;
and Allāh's mercy and blessings.
Peace be upon us and upon Allāh's pious servants.
O Allāh! Forgive me and guide me.

Sharḥu Ma`āni'ul Āthār

---- 32 ----

بِسْمِ اللهِ ج أَلتَّحِيَّاتُ لِلّٰهِ الصَّلَوَاتُ لِلّٰهِ الزَّاكِيَاتُ لِلّٰهِ ج
أَلسَّلَامُ عَلَى النَّبِيِّ وَرَحْمَةُ اللهِ وَبَرَكَاتُهُ ج أَلسَّلَامُ عَلَيْنَا

وَعَلٰى عِبَادِ اللهِ الصَّالِحِيْنَ ج شَهِدْتُّ أَنْ لَّآ إِلٰهَ

إِلَّا اللهُ شَهِدْتُّ أَنَّ مُحَمَّدًا رَّسُوْلُ اللهِ ط

BISMIL-LĀH. 'AT-TAḤIYYĀTU LILLĀHIṢ-ṢALAWĀTU LILLĀHIZ-ZĀKIYĀTU LILLĀH. 'AS-SALĀMU `ALAN-NABIYYI WA RAḤMATUL-LĀHI WA BARAKĀTUH.

'AS-SALĀMU `ALAYNĀ WA `ALĀ `IBĀDIL-LĀHIṢ-ṢĀLIḤĪN.

SHAHIDTU 'ALLĀ 'ILĀHA 'ILLAL-LĀH.

SHAHIDTU 'ANNA MUḤAMMADAR-RASŪLUL-LĀH.

In the name of Allāh.
For Allāh are all greetings.
For Allāh are all salutations.
For Allāh is all purity.
Peace be upon the Messenger;
and Allāh's mercy and blessings.
Peace be upon us and upon Allāh's pious servants.
I have testified that there are
none worthy of worship but Allāh.
And I have testified that
Muḥammad is the Messenger of Allāh.

al Muwatta' Li Mālik

---- 33 ----

أَلتَّحِيَّاتُ الطَّيِّبَاتُ الصَّلَوَاتُ الزَّاكِيَاتُ لِلّٰهِ ج

أَشْهَدُ أَنْ لَّآ إِلٰهَ إِلَّا اللهُ وَحْدَهٗ لَاشَرِيْكَ لَهٗ وَأَنَّ مُحَمَّدًا

عَبْدُهُ وَرَسُولُهُ أَلسَّلَامُ عَلَيْكَ اَيُّهَا النَّبِيُّ وَرَحْمَةُ اللهِ
وَبَرَكَاتُهُ ج أَلسَّلَامُ عَلَيْنَا وَعَلٰى عِبَادِ اللهِ الصَّالِحِيْنَ ط

'AT-TAḤIYYĀTUṬ-ṬAYYIBĀTUṢ-ṢALAWĀTUZ-ZĀKIYĀTU LILLĀH. 'ASH-HADU 'ALLĀ 'ILĀHA 'ILLAL-LĀHU WAḤDAHŪ LĀ SHARĪKA LAHŪ WA 'ANNA MUḤAMMADAN `ABDUHŪ WA RASŪLUH. 'AS-SALĀMU `ALAYKA 'AYYUHAN-NABIYYU WA RAḤMATUL-LĀHI WA BARAKĀTUH. 'AS-SALĀMU `ALAYNĀ WA `ALĀ `IBĀDIL-LĀHIṢ-ṢĀLIḤĪN.

For Allāh are all greetings,
all good, salutations and purity.
I bear witness that there are none
worthy of worship but Allāh,
Who is alone and Who has no partner.
And (I bear witness) that Muḥammad is
His servant and Messenger.
Peace be upon you, O Messenger;
and Allāh's mercy and blessings.
Peace be upon us and upon Allāh's pious servants.

al Muwatta' Li Mālik

---- 34 ----

أَلتَّحِيَّاتُ الطَّيِّبَاتُ الصَّلَوَاتُ الزَّاكِيَاتُ لِلّٰهِ ج أَشْهَدُ
أَنْ لَّآ اِلٰهَ اِلَّا اللهُ وَحْدَهُ لَا شَرِيْكَ لَهُ وَاَشْهَدُ أَنَّ مُحَمَّدًا

عَبْدُ اللهِ وَرَسُوْلُهٗ ج أَلسَّلَامُ عَلَيْكَ اَيُّهَا النَّبِىُّ وَرَحْمَةُ اللهِ وَبَرَكَاتُهٗ ج أَلسَّلَامُ عَلَيْنَا وَعَلٰى عِبَادِ اللهِ الصَّالِحِيْنَ ط

'AT-TAḤIYYĀTUṬ-ṬAYYIBĀTUṢ-ṢALAWĀTUZ-ZĀKIYĀTU LILLĀH. 'ASH-HADU 'ALLĀ 'ILĀHA 'ILLAL-LĀHU WAḤDAHŪ LĀ SHARĪKA LAH,
WA 'ASH-HADU 'ANNA MUḤAMMADAN `ABDUL-LĀHI WA RASŪLUH.
'AS-SALĀMU `ALAYKA 'AYYUHAN-NABIYYU WA RAḤMATUL-LĀHI WA BARAKĀTUH.
'AS-SALĀMU `ALAYNĀ WA `ALĀ `IBĀDIL-LĀHIṢ-ṢĀLIḤĪN.

For Allāh are all greetings.
For Allāh are all good, salutations and purity.
I bear witness that there are none worthy of worship but Allāh
Who is alone and Who has no partner.
And I bear witness that Muḥammad is
Allāh's servant and Messenger.
Peace be upon you, O Messenger;
and Allāh's mercy and blessings.
Peace be upon us and upon Allāh's pious servants.

al Muwatta' Li Mālik

---- 35 ----

أَلتَّحِيَّاتُ الصَّلَوَاتُ لِلّٰهِ ج أَلسَّلَامُ عَلَيْكَ اَيُّهَا النَّبِيُّ وَرَحْمَةُ اللهِ وَبَرَكَاتُهٗ ج أَلسَّلَامُ عَلَيْنَا وَعَلٰى عِبَادِ اللهِ الصَّالِحِيْنَ

اَشْهَدُ اَنْ لَّآ اِلٰهَ اِلَّا اللّٰهُ وَاَنَّ مُحَمَّدًا عَبْدُهٗ وَرَسُوْلُهٗ

'AT-TAḤIYYĀTUṢ-ṢALAWĀTU LILLĀH. 'AS-SALĀMU `ALAYKA 'AYYUHAN-NABIYYU WA RAḤMATUL-LĀHI WA BARAKĀTUH. 'AS-SALĀMU `ALAYNĀ WA `ALĀ `IBĀDIL-LĀHIṢ-ṢĀLIḤĪN. 'ASH-HADU 'ALLĀ 'ILĀHA 'ILLAL-LĀH, WA 'ANNA MUḤAMMADAN `ABDUHŪ WA RASŪLUH.

For Allāh are all greetings and salutations. Peace be upon you, O Messenger; and Allāh's mercy and blessings. Peace be upon us and upon Allāh's pious servants. I bear witness that there are none worthy of worship but Allāh. And that Muḥammad is His servant and Messenger.

Sharḥu Ma`āni al Āthār Li Ṭaḥāwī

---- 36 ----

أَلتَّحِيَّاتُ لِلّٰهِ الصَّلَوَاتُ الطَّيِّبَاتُ ج أَلسَّلَامُ عَلَيْكَ
اَيُّهَا النَّبِيُّ وَرَحْمَةُ اللّٰهِ ج أَلسَّلَامُ عَلَيْنَا وَعَلٰى عِبَادِ اللّٰهِ
الصَّالِحِيْنَ اَشْهَدُ أَنْ لَّآ اِلٰهَ اِلَّا اللّٰهُ وَأَشْهَدُ
أَنَّ مُحَمَّدًا عَبْدُهٗ وَرَسُوْلُهٗ ط

'AT-TAḤIYYĀTU LILLĀHIṢ-ṢALAWĀTUṬ-ṬAYYIBĀT. 'AS-SALĀMU `ALAYKA 'AYYUHAN-NABIYYU WA RAḤMATUL-LĀH. 'AS-SALĀMU `ALAYNĀ WA `ALĀ `IBĀDIL-LĀHIṢ-ṢĀLIḤĪN. 'ASH-HADU 'ALLĀ 'ILĀHA 'ILLAL-LĀH,

WA ‘ASH-HADU ‘ANNA MUḤAMMADAN `ABDUHŪ WA RASŪLUH.

For Allāh are all greetings, salutations and good.
Peace be upon you, O Messenger; and Allāh's mercy.
Peace be upon us and upon Allāh's pious servants.
I bear witness that there are
none worthy of worship but Allāh.
And I bear witness that Muḥammad is
his servant and Messenger.

Abū Dāwūd

---- 37 ----

أَلتَّحِيَّاتُ الْمُبَارَكَاتُ الصَّلَوَاتُ الطَّيِّبَاتُ لِلّٰهِ ج

أَلسَّلَامُ عَلَيْكَ اَيُّهَا النَّبِيُّ وَرَحْمَةُ اللهِ وَبَرَكَاتُهٗ ج

أَلسَّلَامُ عَلَيْنَا وَعَلٰى عِبَادِ اللهِ الصَّالِحِيْنَ ج

أَشْهَدُ أَنْ لَّآ اِلٰهَ اِلَّا اللهُ وَأَشْهَدُ أَنَّ مُحَمَّدًا رَّسُوْلُ اللهِ ط

‘AT-TAḤIYYĀTUL MUBĀRAKĀTUṢ-ṢALAWĀTUṬ-ṬAYYIBĀTU LILLĀH.
‘AS-SALĀMU `ALAYKA ‘AYYUHAN-NABIYYU WA RAḤMATUL-LĀHI WA BARAKĀTUH.
‘AS-SALĀMU `ALAYNĀ WA `ALĀ `IBĀDIL-LĀHIṢ-ṢĀLIḤĪN.
‘ASH-HADU ‘ALLĀ ‘ILĀHA ‘ILLAL-LĀH, WA ‘ASH-HADU ‘ANNA

MUḤAMMADAR-RASŪLUL-LĀH.

For Allāh are all greetings,
all blessings, all salutations and all good.
Peace be upon you, O Messenger;
and Allāh's mercy and blessings.
Peace be upon us and upon Allāh's pious servants.
I bear witness that there are none worthy of
worship but Allāh. And I bear witness that
Muḥammad is the Messenger of Allāh.

Muslim

---- 38 ----

بِسْمِ اللهِ وَالسَّلَامُ عَلٰى رَسُوْلِ اللهِ ط

BISMILLĀHI WAS-SALĀMU `ALĀ RASŪLIL-LĀH

In the name of Allāh and peace be upon the Messenger of Allāh.

Ibn Mājah

---- 39 ----

اَلتَّحِيَّاتُ لِلّٰهِ وَالصَّلَوَاتُ وَالطَّيِّبَاتُ اَلسَّلَامُ عَلَيْكَ اَيُّهَا
النَّبِيُّ وَرَحْمَةُ اللهِ وَبَرَكَاتُهٗ اَلسَّلَامُ عَلَيْنَا وَعَلٰى عِبَادِ اللهِ
الصَّالِحِيْنَ اَشْهَدُ اَنْ لَّآ اِلٰهَ اِلَّا اللهُ وَحْدَهٗ لَا شَرِيْكَ
لَهٗ وَاَشْهَدُ اَنَّ مُحَمَّدًا عَبْدُهٗ وَرَسُوْلُهٗ

'AT-TAḤIYYĀTU LILLĀH
WAṢ-ṢALAWĀTU WAṬ-ṬAYYIBĀT.
'AS-SALĀMU `ALAYKA 'AYYUHAN-NABIYYU
WA RAḤMATUL-LĀHI WA BARAKĀTUH.
'AS-SALĀMU `ALAYNĀ WA `ALĀ `IBĀDIL-LĀHIṢ-ṢĀLIḤĪN.
'ASH-HADU 'ALLĀ 'ILĀHA 'ILLAL-LĀHU
WAḤDAHŪ LĀ SHARĪKA LAH.
WA 'ASH-HADU 'ANNA MUḤAMMADAN
`ABDUHŪ WA RASŪLUH.

For Allāh are all greetings,
all salutations and all good.
Peace be upon you, O Messenger;
and Allāh's mercy and blessings.
Peace be upon us and upon Allāh's pious servants.
I bear witness that there are none worthy of
worship but Allāh Who is alone and without partner.
And I bear witness that
Muḥammad is His servant and Messenger.

al Bayhaqī

---- 40 ----

اَلتَّحِيَّاتُ لِلّٰهِ الصَّلَوَاتُ الطَّيِّبَاتُ اَلسَّلَامُ عَلَيْكَ اَيُّهَا
النَّبِيُّ وَرَحْمَةُ اللهِ وَبَرَكَاتُهٗ اَلسَّلَامُ عَلَيْنَا وَعَلٰى عِبَادِ اللهِ
الصَّالِحِيْنَ اَشْهَدُ اَنْ لَّآ اِلٰهَ اِلَّا اللهُ وَحْدَهٗ لَا شَرِيْكَ
لَهٗ وَاَشْهَدُ اَنَّ مُحَمَّدًا عَبْدُهٗ وَرَسُوْلُهٗ

'AT-TAḤIYYĀTU LILLĀHIṢ-
ṢALAWĀTUṬ-ṬAYYIBĀT.
'AS-SALĀMU `ALAYKA 'AYYUHAN-NABIYYU
WA RAḤMATUL-LĀHI WA BARAKĀTUH.
'AS-SALĀMU `ALAYNĀ WA `ALĀ `IBĀDIL-LĀHIṢ-ṢĀLIḤĪN.
'ASH-HADU 'ALLĀ 'ILĀHA 'ILLAL-LĀHU
WAḤDAHŪ LĀ SHARĪKA LAH.
WA 'ASH-HADU 'ANNA MUḤAMMADAN
`ABDUHŪ WA RASŪLUH.

For Allāh are all greetings,
all salutations, and all good.
Peace be upon you, O Messenger;
and Allāh's mercy and blessings.
Peace be upon us and upon Allāh's pious servants.
I bear witness that there are none worthy of
worship but Allāh Who is alone and without partner.
And I bear witness that
Muḥammad is His servant and Messenger.

Abū Dāwūd

---- 41 ----

اَلتَّحِيَّاتُ لِلّٰهِ الطَّيِّبَاتُ الصَّلَوَاتُ اَلسَّلَامُ عَلَيْكَ اَيُّهَا
النَّبِيُّ وَرَحْمَةُ اللهِ وَبَرَكَاتُهٗ اَلسَّلَامُ عَلَيْنَا وَعَلٰى عِبَادِ اللهِ
الصَّالِحِيْنَ اَشْهَدُ اَنْ لَّا اِلٰهَ اِلَّا اللهُ
وَاَشْهَدُ اَنَّ مُحَمَّدًا عَبْدُهٗ وَرَسُوْلُهٗ

'AT-TAḤIYYĀTU LILLĀHIṬ-
ṬAYYIBĀTUṢ-ṢALAWĀT.
'AS-SALĀMU `ALAYKA 'AYYUHAN-NABIYYU
WA RAḤMATUL-LĀHI WA BARAKĀTUH.
'AS-SALĀMU `ALAYNĀ WA `ALĀ `IBĀDIL-LĀHIṢ-ṢĀLIḤĪN.
'ASH-HADU 'ALLĀ 'ILĀHA 'ILLAL-LĀH.
WA 'ASH-HADU 'ANNA MUḤAMMADAN
`ABDUHŪ WA RASŪLUH.

For Allāh are all greeting,
all good, and all salutations.
Peace be upon you, O Messenger;
and Allāh's mercy and blessings.
Peace be upon us and upon Allāh's pious servants.
I bear witness that there are none worthy of worship but Allāh.
And I bear witness that
Muḥammad is His servant and Messenger.

Muṣannaf `Abd ar Razzāq

---- 42 ----

اَلتَّحِيَّاتُ الصَّلَوَاتُ الطَّيِّبَاتُ لِلّٰهِ اَلسَّلَامُ عَلَيْكَ اَيُّهَا
النَّبِيُّ وَرَحْمَةُ اللهِ وَبَرَكَاتُهُ اَلسَّلَامُ عَلَيْنَا وَعَلٰى عِبَادِ اللهِ
الصَّالِحِيْنَ اَشْهَدُ اَنْ لَّآ اِلٰهَ اِلَّا اللهُ
وَاَشْهَدُ اَنَّ مُحَمَّدًا عَبْدُهٗ وَرَسُوْلُهٗ

‘AT-TAḤIYYĀTUṢ-ṢALAWĀTUṬ-
ṬAYYIBĀTU LILLĀH.
‘AS-SALĀMU `ALAYKA ‘AYYUHAN-NABIYYU
WA RAḤMATUL-LĀHI WA BARAKĀTUH.
‘AS-SALĀMU `ALAYNĀ WA `ALĀ `IBĀDIL-LĀHIṢ-ṢĀLIḤĪN.
‘ASH-HADU ‘ALLĀ ‘ILĀHA ‘ILLAL-LĀH.
WA ‘ASH-HADU ‘ANNA MUḤAMMADAN
`ABDUHŪ WA RASŪLUH.

All greetings, all salutations,
and all good, is for Allāh.
Peace be upon you, O Messenger;
and Allāh’s mercy and blessings.
Peace be upon us and upon Allāh’s pious servants.
I bear witness that there are none worthy of worship but Allāh.
And I bear witness that
Muḥammad is His servant and Messenger.

Muṣannaf Ibn Abī Shaybah

---- 43 ----

اَلتَّحِيَّاتُ الطَّيِّبَاتُ الصَّلَوَاتُ لِلّٰهِ اَلسَّلَامُ عَلَيْكَ اَيُّهَا
النَّبِيُّ وَرَحْمَةُ اللهِ وَالسَّلَامُ عَلَيْنَا وَعَلٰى عِبَادِ اللهِ
الصَّالِحِيْنَ اَشْهَدُ اَنْ لَّآ اِلٰهَ اِلَّا اللهُ
وَاَنَّ مُحَمَّدًا عَبْدُهٗ وَرَسُوْلُهٗ

‘AT-TAḤIYYĀTUṬ-ṬAYYIBĀTUṢ-
ṢALAWĀTU LILLĀH.

‘AS-SALĀMU `ALAYKA ‘AYYUHAN-NABIYYU
WA RAḤMATUL-LĀHI.
WAS-SALĀMU `ALAYNĀ WA `ALĀ `IBĀDIL-LĀHIṢ-ṢĀLIḤĪN.
‘ASH-HADU ‘ALLĀ ‘ILĀHA ‘ILLAL-LĀH.
WA ‘ANNA MUḤAMMADAN
`ABDUHŪ WA RASŪLUH.

All greetings, all good,
and all salutations, are for Allāh.
Peace be upon you, O Messenger;
and Allāh’s mercy.
Peace be upon us and upon Allāh’s pious servants.
I bear witness that there are none worthy of worship but Allāh.
And that Muḥammad is His servant and Messenger.

al Bayhaqī

---- 44 ----

اَلتَّحِيَّاتُ لِلّٰهِ الطَّيِّبَاتُ الصَّلَوَاتُ لِلّٰهِ اَلسَّلَامُ عَلَيْكَ
اَيُّهَا النَّبِيُّ وَرَحْمَةُ اللّٰهِ اَلسَّلَامُ عَلَيْنَا وَعَلٰى عِبَادِ اللّٰهِ
الصَّالِحِيْنَ اَشْهَدُ اَنْ لَّآ اِلٰهَ اِلَّا اللّٰهُ
وَاَشْهَدُ اَنَّ مُحَمَّدًا عَبْدُهٗ وَرَسُوْلُهٗ

‘AT-TAḤIYYĀTU LILLĀHIṬ-
ṬAYYIBĀTUṢ ṢALAWĀTU LILLĀH.
‘AS-SALĀMU `ALAYKA ‘AYYUHAN-NABIYYU
WA RAḤMATUL-LĀHI.
‘AS-SALĀMU `ALAYNĀ WA `ALĀ `IBĀDIL-LĀHIṢ-ṢĀLIḤĪN.

'ASH-HADU 'ALLĀ 'ILĀHA 'ILLAL-LĀH.
WA 'ASH-HADU 'ANNA MUḤAMMADAN
`ABDUHŪ WA RASŪLUH.

All greetings, all good,
and all salutations, are for Allāh.
Peace be upon you, O Messenger;
and Allāh's mercy and blessings.
Peace be upon us and upon Allāh's pious servants.
I bear witness that there are none worthy of worship but Allāh.
And that Muḥammad is His servant and Messenger.

Muṣannaf `Abd ar Razzāq

---- 45 ----

اَلتَّحِيَّاتُ لِلّٰهِ وَالصَّلَوَاتُ وَالطَّيِّبَاتُ اَلسَّلَامُ عَلَيْكَ اَيُّهَا
النَّبِيُّ وَرَحْمَةُ اللهِ وَبَرَكَاتُهٗ اَلسَّلَامُ عَلَيْنَا وَعَلٰى عِبَادِ اللهِ
الصَّالِحِيْنَ اَشْهَدُ اَنْ لَّآ اِلٰهَ اِلَّا اللهُ
وَاَشْهَدُ اَنَّ مُحَمَّدًا عَبْدُهٗ وَرَسُوْلُهٗ

'AT-TAḤIYYĀTU LILLĀH
WAṢ-ṢALAWĀTU WAṬ-ṬAYYIBĀT.
'AS-SALĀMU `ALAYKA 'AYYUHAN-NABIYYU
WA RAḤMATUL-LĀHI WA BARAKĀTUH.
'AS-SALĀMU `ALAYNĀ WA `ALĀ `IBĀDIL-LĀHIṢ-ṢĀLIḤĪN.
'ASH-HADU 'ALLĀ 'ILĀHA 'ILLAL-LĀH.
WA 'ASH-HADU 'ANNA MUḤAMMADAN
`ABDUHŪ WA RASŪLUH.

For Allāh are all greetings,
all salutations and all good.
Peace be upon you, O Messenger;
and Allāh's mercy and blessings.
Peace be upon us and upon Allāh's pious servants.
I bear witness that there are none worthy of
worship but Allāh.
And I bear witness that
Muḥammad is His servant and Messenger.

Muṣannaf `Abd ar Razzāq

---- 46 ----

اَلتَّحِيَّاتُ الْـمُبَارَكَاتُ الصَّلَوَاتُ الطَّيِّبَاتُ لِلّٰهِ
اَلسَّلَامُ عَلَيْكَ اَيُّهَا النَّبِيُّ وَرَحْمَةُ اللهِ وَبَرَكَاتُهٗ اَلسَّلَامُ
عَلَيْنَا وَعَلٰى عِبَادِ اللهِ الصَّالِحِيْنَ اَشْهَدُ اَنْ لَّآ اِلٰهَ اِلَّا اللهُ
وَاَشْهَدُ اَنَّ مُحَمَّدًا عَبْدُهٗ وَرَسُوْلُهٗ

'AT-TAḤIYYĀTUL MUBĀRAKĀTUṢ-
ṢALAWĀTUṬ-ṬAYYIBĀTU LILLĀH.
'AS-SALĀMU `ALAYKA 'AYYUHAN-NABIYYU
WA RAḤMATUL-LĀHI WA BARAKĀTUH.
'AS-SALĀMU `ALAYNĀ WA `ALĀ `IBĀDIL-LĀHIṢ-ṢĀLIḤĪN.
'ASH-HADU 'ALLĀ 'ILĀHA 'ILLAL-LĀH.
WA 'ASH-HADU 'ANNA MUḤAMMADAN
`ABDUHŪ WA RASŪLUH.

All greetings, all auspices
all salutations, and all good, are for Allāh.
Peace be upon you, O Messenger;
and Allāh's mercy and blessings.
Peace be upon us and upon Allāh's pious servants.
I bear witness that there are none worthy of worship but Allāh.
And that Muḥammad is His servant and Messenger.

Ibn Mājah

---- 47 ----

اَلتَّحِيَّاتُ الْـمُبَارَكَاتُ لِلّٰهِ الصَّلَوَاتُ الطَّيِّبَاتُ لِلّٰهِ

اَلسَّلَامُ عَلَى النَّبِيِّ وَرَحْمَةُ اللهِ وَبَرَكَاتُهٗ

اَلسَّلَامُ عَلَيْنَا وَعَلٰى عِبَادِ اللهِ الصَّالِحِيْنَ

اَشْهَدُ اَنْ لَّآ اِلٰهَ اِلَّا اللهُ

وَاَشْهَدُ اَنَّ مُحَمَّدًا عَبْدُهٗ وَرَسُوْلُهٗ

'AT-TAḤIYYĀTUL MUBĀRAKĀTU LILLĀH
'AṢ-ṢALAWĀTUṬ-ṬAYYIBĀTU LILLĀH.
'AS-SALĀMU `ALAN-NABIYYI
WA RAḤMATUL-LĀHI WA BARAKĀTUH.
'AS-SALĀMU `ALAYNĀ WA `ALĀ `IBĀDIL-LĀHIṢ-ṢĀLIḤĪN.
'ASH-HADU 'ALLĀ 'ILĀHA 'ILLAL-LĀH.
WA 'ASH-HADU 'ANNA MUḤAMMADAN
`ABDUHŪ WA RASŪLUH.

All greetings, and all auspices are for Allāh

All salutations, and all good, are for Allāh.
Peace be upon the Messenger;
and Allāh's mercy and blessings.
Peace be upon us and upon Allāh's pious servants.
I bear witness that there are none worthy of worship but Allāh.
And that Muḥammad is His servant and Messenger.

Muṣannaf `Abd ar Razzāq

---- 48 ----

اَلتَّحِيَّاتُ الْمُبَارَكَاتُ الصَّلَوَاتُ الطَّيِّبَاتُ لِلّٰهِ سَلَامٌ عَلَيْكَ اَيُّهَا النَّبِيُّ وَرَحْمَةُ اللهِ وَبَرَكَاتُهٗ سَلَامٌ عَلَيْنَا وَعَلٰى عِبَادِ اللهِ الصَّالِحِيْنَ اَشْهَدُ اَنْ لَّآ اِلٰهَ اِلَّا اللهُ وَاَشْهَدُ اَنَّ مُحَمَّدًا عَبْدُهٗ وَرَسُوْلُهٗ

'AT-TAḤIYYĀTUL MUBĀRAKĀTUṢ-
ṢALAWĀTUṬ-ṬAYYIBĀTU LILLĀH.
SALĀMUN `ALAYKA 'AYYUHAN-NABIYYU
WA RAḤMATUL-LĀHI WA BARAKĀTUH.
SALĀMUN `ALAYNĀ WA `ALĀ `IBĀDIL-LĀHIṢ-ṢALIḤĪN.
'ASH-HADU 'ALLĀ 'ILĀHA 'ILLAL-LĀH.
WA 'ASH-HADU 'ANNA MUḤAMMADAN
`ABDUHŪ WA RASŪLUH.

All greetings, all auspices all salutations,
and all good, are for Allāh.
Peace be upon you, O Messenger;

and Allāh's mercy and blessings.
Peace be upon us and upon Allāh's pious servants.
I bear witness that there are none worthy of worship but Allāh.
And that Muḥammad is His servant and Messenger.

at Tirmidhī

---- 49 ----

اَلتَّحِيَّاتُ الْـمُبَارَكَاتُ الطَّيِّبَاتُ الصَّلَوَاتُ لِلّٰهِ اَلسَّلَامُ
عَلَيْكَ اَيُّهَا النَّبِيُّ وَرَحْمَةُ اللهِ وَبَرَكَاتُهٗ اَلسَّلَامُ عَلَيْنَا
وَعَلٰى عِبَادِ اللهِ الصَّالِحِيْنَ اَشْهَدُ اَنْ لَّآ اِلٰهَ اِلَّا اللهُ
وَاَنَّ مُحَمَّدًا رَّسُوْلُ اللهِ

'AT-TAḤIYYĀTUL MUBĀRAKĀTUṬ-
ṬAYYIBĀTUṢ-ṢALAWĀTU LILLĀH.
'AS-SALĀMU `ALAYKA 'AYYUHAN-NABIYYU
WA RAḤMATUL-LĀHI WA BARAKĀTUH.
'AS-SALĀMU `ALAYNĀ WA `ALĀ `IBĀDIL-LĀHIṢ-ṢĀLIḤĪN.
'ASH-HADU 'ALLĀ 'ILĀHA 'ILLAL-LĀH.
WA 'ANNA MUḤAMMADAR
RASŪLUL-LĀH.

All greetings, all auspices all salutations,
and all good, are for Allāh.
Peace be upon you, O Messenger;
and Allāh's mercy and blessings.
Peace be upon us and upon Allāh's pious servants.

I bear witness that there are none worthy of worship but Allāh. And that Muḥammad is Allāh's Messenger.

aṭ-Ṭaḥāwī

---- 50 ----

اَلتَّحِيَّاتُ لِلّٰهِ الزَّاكِيَاتُ لِلّٰهِ الطَّيِّبَاتُ لِلّٰهِ اَلسَّلَامُ عَلَيْكَ اَيُّهَا النَّبِيُّ وَرَحْمَةُ اللهِ وَبَرَكَاتُهٗ اَلسَّلَامُ عَلَيْنَا وَعَلٰى عِبَادِ اللهِ الصَّالِحِيْنَ اَشْهَدُ اَنْ لَّآ اِلٰهَ اِلَّا اللهُ وَاَشْهَدُ اَنَّ مُحَمَّدًا عَبْدُهٗ وَرَسُوْلُهٗ

'AT-TAḤIYYĀTU LILLĀH. 'AZ-ZĀKIYĀTU LILLĀH.
'AṬ-ṬAYYIBĀTU LILLĀH.
'AS-SALĀMU `ALAYKA 'AYYUHAN-NABIYYU
WA RAḤMATUL-LĀHI WA BARAKĀTUH.
'AS-SALĀMU `ALAYNĀ WA `ALĀ `IBĀDIL-LĀHIṢ-ṢĀLIḤĪN.
'ASH-HADU 'ALLĀ 'ILĀHA 'ILLAL-LĀH.
WA 'ASH-HADU 'ANNA MUḤAMMADAN
`ABDUHŪ WA RASŪLUH.

All greetings are for Allāh. All Purities are for Allāh.
And all good, are for Allāh.
Peace be upon you, O Messenger;
and Allāh's mercy and blessings.
Peace be upon us and upon Allāh's pious servants.
I bear witness that there are none worthy of worship but Allāh.
And I bear witness that

Muḥammad is His servant and Messenger.

Mustadrak Li al Ḥākim

---- 51 ----

اَلتَّحِيَّاتُ لِلّٰهِ الزَّاكِيَاتُ لِلّٰهِ الصَّلَوَاتُ الطَّيِّبَاتُ لِلّٰهِ اَلسَّلَامُ
عَلَيْكَ اَيُّهَا النَّبِيُّ وَرَحْمَةُ اللّٰهِ وَبَرَكَاتُهُ اَلسَّلَامُ عَلَيْنَا
وَعَلٰى عِبَادِ اللّٰهِ الصَّالِحِيْنَ اَشْهَدُ اَنْ لَّآ اِلٰهَ اِلَّا اللّٰهُ
وَاَشْهَدُ اَنَّ مُحَمَّدًا عَبْدُهٗ وَرَسُوْلُهٗ

'AT-TAḤIYYĀTU LILLĀH. 'AZ-ZĀKIYĀTU LILLĀH.
'AṢ-ṢALAWĀTUṬ-ṬAYYIBĀTU LILLĀH.
'AS-SALĀMU `ALAYKA 'AYYUHAN-NABIYYU
WA RAḤMATUL-LĀHI WA BARAKĀTUH.
'AS-SALĀMU `ALAYNĀ WA `ALĀ `IBĀDIL-LĀHIṢ-ṢĀLIḤĪN.
'ASH-HADU 'ALLĀ 'ILĀHA 'ILLAL-LĀH.
WA 'ASH-HADU 'ANNA MUḤAMMADAN
`ABDUHŪ WA RASŪLUH.

All greetings are for Allāh. All purities are for Allāh.
All salutations and all good, are for Allāh.
Peace be upon you, O Messenger;
and Allāh's mercy and blessings.
Peace be upon us and upon Allāh's pious servants.
I bear witness that there are none worthy of worship but Allāh.
And I bear witness that
Muḥammad is His servant and Messenger.

Muṣannaf Ibn Abī Shaybah

---- 52 ----

اَلتَّحِيَّاتُ لِلّٰهِ الزَّاكِيَاتُ لِلّٰهِ الصَّلَوَاتُ لِلّٰهِ الطَّيِّبَاتُ لِلّٰهِ
اَلسَّلَامُ عَلَيْكَ اَيُّهَا النَّبِيُّ وَرَحْمَةُ اللهِ وَبَرَكَاتُهٗ اَلسَّلَامُ
عَلَيْنَا وَعَلٰى عِبَادِ اللهِ الصَّالِحِيْنَ اَشْهَدُ اَنْ لَّآ اِلٰهَ اِلَّا اللهُ
وَاَشْهَدُ اَنَّ مُحَمَّدًا عَبْدُهٗ وَرَسُوْلُهٗ

'AT-TAḤIYYĀTU LILLĀH. 'AZ-ZĀKIYĀTU LILLĀH.
'AṢ-ṢALAWĀTU LILLĀH. 'AṬ-ṬAYYIBĀTU LILLĀH.
'AS-SALĀMU `ALAYKA 'AYYUHAN-NABIYYU
WA RAḤMATUL-LĀHI WA BARAKĀTUH.
'AS-SALĀMU `ALAYNĀ WA `ALĀ `IBĀDIL-LĀHIṢ-ṢALIḤĪN.
'ASH-HADU 'ALLĀ 'ILĀHA 'ILLAL-LĀH.
WA 'ASH-HADU 'ANNA MUḤAMMADAN
`ABDUHŪ WA RASŪLUH.

All greetings are for Allāh. All purities are for Allāh.
All salutations are for Allāh. All good are for Allāh.
Peace be upon you, O Messenger;
and Allāh's mercy and blessings.
Peace be upon us and upon Allāh's pious servants.
I bear witness that there are none worthy of worship but Allāh.
And I bear witness that
Muḥammad is His servant and Messenger.

al Bayhaqī

---- 53 ----

اَلتَّحِيَّاتُ الطَّيِّبَاتُ الصَّلَوَاتُ الزَّاكِيَاتُ لِلّٰهِ اَشْهَدُ اَنْ
لَّآ اِلٰهَ اِلَّا اللّٰهُ وَاَشْهَدُ اَنَّ مُحَمَّدًا عَبْدُهُ وَرَسُوْلُهُ
اَلسَّلَامُ عَلَيْكَ اَيُّهَا النَّبِيُّ وَرَحْمَةُ اللّٰهِ وَبَرَكَاتُهُ
اَلسَّلَامُ عَلَيْنَا وَعَلٰى عِبَادِ اللّٰهِ الصَّالِحِيْنَ

'AT-TAḤIYYĀTUṬ-ṬAYYIBĀTUṢ-
ṢALAWĀTUZ-ZĀKIYĀTU LILLĀH.
'ASH-HADU 'ALLĀ 'ILĀHA 'ILLAL-LĀH.
WA 'ASH-HADU 'ANNA MUḤAMMADAN
`ABDUHŪ WA RASŪLUH.
'AS-SALĀMU `ALAYKA 'AYYUHAN-NABIYYU
WA RAḤMATUL-LĀHI WA BARAKĀTUH.
'AS-SALĀMU `ALAYNĀ WA `ALĀ `IBĀDIL-LĀHIṢ-ṢĀLIḤĪN.

All greetings, all good, all salutations,
and all purities are for Allāh.
I bear witness that there are none worthy of worship but Allāh.
And I bear witness that
Muḥammad is His servant and Messenger.
Peace be upon you, O Messenger;
and Allāh's mercy and blessings.
Peace be upon us and upon Allāh's pious servants.

al Bayhaqī

---- 54 ----

اَلتَّحِيَّاتُ الطَّيِّبَاتُ الصَّلَوَاتُ الزَّاكِيَاتُ لِلّٰهِ اَلسَّلَامُ

عَلَى النَّبِيِّ وَرَحْمَةُ اللهِ وَبَرَكَاتُهُ اَلسَّلَامُ عَلَيْنَا

وَعَلَى عِبَادِ اللهِ الصَّالِحِيْنَ اَشْهَدُ اَنْ لَّآ اِلٰهَ اِلَّآ اللهُ

وَاَشْهَدُ اَنَّ مُحَمَّدًا عَبْدُهٗ وَرَسُوْلُهٗ

'AT-TAḤIYYĀTUṬ-ṬAYYIBĀTUṢ-
ṢALAWĀTUZ-ZĀKIYĀTU LILLĀH.
'AS-SALĀMU `ALAN-NABIYYI
WA RAḤMATUL-LĀHI WA BARAKĀTUH.
'AS-SALĀMU `ALAYNĀ WA `ALĀ `IBĀDIL-LĀHIṢ-ṢĀLIḤĪN.
'ASH-HADU 'ALLĀ 'ILĀHA 'ILLAL-LĀH.
WA 'ASH-HADU 'ANNA MUḤAMMADAN
`ABDUHŪ WA RASŪLUH.

All greetings, all good, all salutations,
and all purities are for Allāh.
Peace be upon the Messenger;
and Allāh's mercy and blessings.
Peace be upon us and upon Allāh's pious servants.
I bear witness that there are none worthy of worship but Allāh.
And I bear witness that
Muḥammad is His servant and Messenger.

al Bayhaqī

---- 55 ----

اَلتَّحِيَّاتُ الطَّيِّبَاتُ الصَّلَوَاتُ الزَّاكِيَاتُ لِلّٰهِ اَلسَّلَامُ
عَلَيْكَ اَيُّهَا النَّبِيُّ وَرَحْمَةُ اللّٰهِ وَبَرَكَاتُهٗ اَلسَّلَامُ عَلَيْنَا
وَعَلٰى عِبَادِ اللّٰهِ الصَّالِحِيْنَ اَشْهَدُ اَنْ لَّآ اِلٰهَ اِلَّا اللّٰهُ
وَاَشْهَدُ اَنَّ مُحَمَّدًا عَبْدُهٗ وَرَسُوْلُهٗ

‘AT-TAḤIYYĀTUṬ-ṬAYYIBĀTUṢ-
ṢALAWĀTUZ-ZĀKIYĀTU LILLĀH.
‘AS-SALĀMU `ALAYKA ‘AYYUHAN-NABIYYU
WA RAḤMATUL-LĀHI WA BARAKĀTUH.
‘AS-SALĀMU `ALAYNĀ WA `ALĀ `IBĀDIL-LĀHIṢ-ṢĀLIḤĪN.
‘ASH-HADU ‘ALLĀ ‘ILĀHA ‘ILLAL-LĀH.
WA ‘ASH-HADU ‘ANNA MUḤAMMADAN
`ABDUHŪ WA RASŪLUH.

All greetings, all good, all salutations,
and all purities are for Allāh.
Peace be upon you, O Messenger;
and Allāh's mercy and blessings.
Peace be upon us and upon Allāh's pious servants.
I bear witness that there are none worthy of worship but Allāh.
And I bear witness that
Muḥammad is His servant and Messenger.

al Bayhaqī

---- 56 ----

بِسْمِ اللهِ اَلتَّحِيَّاتُ لِلّٰهِ وَالصَّلَوَاتُ الزَّاكِيَاتُ لِلّٰهِ اَلسَّلَامُ

عَلَيْكَ اَيُّهَا النَّبِيُّ وَرَحْمَةُ اللهِ وَبَرَكَاتُهٗ اَلسَّلَامُ عَلَيْنَا

وَعَلٰى عِبَادِ اللهِ الصَّالِحِيْنَ شَهِدْتُّ اَنْ لَّآ اِلٰهَ اِلَّا اللهُ

وَشَهِدْتُّ اَنَّ مُحَمَّدًا رَّسُوْلُ اللهِ

BISMIL-LĀH. ‘AT-TAḤIYYĀTU LILLĀH.
WAṢ-ṢALAWĀTUZ-ZĀKIYĀTU LILLĀH.
‘AS-SALĀMU `ALAYKA ‘AYYUHAN-NABIYYU
WA RAḤMATUL-LĀHI WA BARAKĀTUH.
‘AS-SALĀMU `ALAYNĀ WA `ALĀ `IBĀDIL-LĀHIṢ-ṢĀLIḤĪN.
SHAHID-TU ‘ALLĀ ‘ILĀHA ‘ILLAL-LĀH.
WA SHAHID-TU ‘ANNA MUḤAMMADAR-RASŪLUL-LĀH.

In the name of Allāh. All greetings are for Allāh.
All salutations, and all purities are for Allāh.
Peace be upon you, O Messenger;
and Allāh's mercy and blessings.
Peace be upon us and upon Allāh's pious servants.
I have testified that there are none worthy of worship but Allāh.
And I have testified that Muḥammad is Allāh's Messenger.

al Bayhaqī

---- 57 ----

بِسْمِ اللهِ اَلتَّحِيَّاتُ لِلّٰهِ الصَّلَوَاتُ لِلّٰهِ الزَّاكِيَاتُ لِلّٰهِ

اَشْهَدُ اَنْ لَّآ اِلٰهَ اِلَّا اللّٰهُ وَاَشْهَدُ اَنَّ مُحَمَّدًا عَبْدُهُ وَرَسُوْلُهُ

اَلسَّلَامُ عَلَيْكَ اَيُّهَا النَّبِيُّ وَرَحْمَةُ اللّٰهِ وَبَرَكَاتُهُ

اَلسَّلَامُ عَلَيْنَا وَعَلٰى عِبَادِ اللّٰهِ الصَّالِحِيْنَ

BISMIL-LĀH. ‘AT-TAḤIYYĀTU LILLĀH,
‘AṢ-ṢALAWĀTU LILLĀH, ‘AZ-ZĀKIYĀTU LILLĀH.
‘ASH-HADU ‘ALLĀ ‘ILĀHA ‘ILLAL-LĀH.
WA ‘ASH-HADU ‘ANNA MUḤAMMADAN
`ABDUHŪ WA RASŪLUH.
‘AS-SALĀMU `ALAKA ‘AYYUHAN-NABIYYU
WA RAḤMATUL-LĀHI WA BARAKĀTUH.
‘AS-SALĀMU `ALAYNĀ WA `ALĀ `IBĀDIL-LĀHIṢ-ṢĀLIḤĪN.

In the name of Allāh. All greetings are for Allāh.
All salutations, and all purities are for Allāh.
I bear witness that there are none worthy of worship but Allāh.
And I bear witness that Muḥammad is Allāh's Messenger.
Peace be upon you, O Messenger;
and Allāh's mercy and blessings.
Peace be upon us and upon Allāh's pious servants.

al Bayhaqī

---- 58 ----

بِسْمِ اللّٰهِ وَبِاللّٰهِ اَلتَّحِيَّاتُ لِلّٰهِ الصَّلَوَاتُ الطَّيِّبَاتُ لِلّٰهِ

اَلسَّلَامُ عَلَيْكَ اَيُّهَا النَّبِيُّ وَرَحْمَةُ اللّٰهِ وَبَرَكَاتُهُ

اَلسَّلَامُ عَلَيْنَا وَعَلٰى عِبَادِ اللهِ الصَّالِحِيْنَ اَشْهَدُ اَنْ
لَّآ اِلٰهَ اِلَّا اللهُ وَاَشْهَدُ اَنَّ مُحَمَّدًا عَبْدُهٗ وَرَسُوْلُهٗ
نَسْئَلُ اللهَ الْـجَنَّةَ وَنَعُوْذُ بِهٖ مِنَ النَّارِ

BISMIL-LĀH, WA BILLĀH. 'AT-TAḤIYYĀTU LILLĀHIṢ-ṢALAWĀTUṬ-ṬAYYIBĀTU LILLĀH.
'AS-SALĀMU `ALAYKA 'AYYUHAN-NABIYYU WA RAḤMATUL-LĀHI WA BARAKĀTUH.
'AS-SALĀMU `ALAYNĀ WA `ALĀ `IBĀDIL-LĀHIṢ-ṢĀLIḤĪN.
'ASH-HADU 'ALLĀ 'ILĀHA 'ILLAL-LĀH.
WA 'ASH-HADU 'ANNA MUḤAMMADAN `ABDUHŪ WA RASŪLUH.
NAS'ALUL-LĀHAL JANNAH, WA NA`ŪDHU BIHĪ MINAN-NĀR.

In the name of Allāh, and with (the help of) Allāh.
All greetings are for Allāh.
All salutations, and all purities are for Allāh.
Peace be upon you, O Messenger;
and Allāh's mercy and blessings.
Peace be upon us and upon Allāh's pious servants.
I bear witness that there are none worthy of worship but Allāh.
And I bear witness that Muḥammad is Allāh's Messenger.
We ask Allāh for Heaven and we seek His refuge from Hell.

al Ḥākim

---- 59 ----

بِسْمِ اللهِ خَيْرِ الْاَسْمَاءِ اَلتَّحِيَّاتُ الصَّلَوَاتُ الطَّيِّبَاتُ
الْـمُبَارَكَاتُ لِلّٰهِ اَشْهَدُ اَنْ لَّآ اِلٰهَ اِلَّا اللهُ

وَاَشْهَدُ اَنَّ مُحَمَّدًا عَبْدُهٗ وَرَسُوْلُهٗ

اَلسَّلَامُ عَلَيْكَ اَيُّهَا النَّبِيُّ وَرَحْمَةُ اللّٰهِ وَبَرَكَاتُهٗ

اَلسَّلَامُ عَلَيْنَا وَعَلٰى عِبَادِ اللّٰهِ الصَّالِحِيْنَ

BISMIL-LĀHI KHAYRIL 'ASMĀ'. 'AT-TAḤIYYĀTUṢ-ṢALAWĀTUṬ-ṬAYYIBĀTUL MUBĀRAKĀTU LILLĀH. 'ASH-HADU 'ALLĀ 'ILĀHA 'ILLAL-LĀH. WA 'ASH-HADU 'ANNA MUḤAMMADAN `ABDUHŪ WA RASŪLUH. 'AS-SALĀMU `ALAYKA 'AYYUHAN-NABIYYU WA RAḤMATUL-LĀHI WA BARAKĀTUH. 'AS-SALĀMU `ALAYNĀ WA `ALĀ `IBĀDIL-LĀHIṢ-ṢĀLIḤĪN.

In the name of Allāh, the best of names.
All greetings, all salutations, all good,
and all auspices are for Allāh.
I bear witness that there are none worthy of worship but Allāh.
And I bear witness that Muḥammad is Allāh's Messenger.
Peace be upon you, O Messenger;
and Allāh's mercy and blessings.
Peace be upon us and upon Allāh's pious servants.

al Bayhaqī

---- 60 ----

بِسْمِ اللّٰهِ خَيْرِ الْاَسْمَاءِ اَلتَّحِيَّاتُ الزَّاكِيَاتُ الصَّلَوَاتُ

الطَّيِّبَاتُ لِلّٰهِ اَلسَّلَامُ عَلَيْكَ اَيُّهَا النَّبِيُّ وَرَحْمَةُ اللّٰهِ وَبَرَكَاتُهٗ

اَلسَّلَامُ عَلَيْنَا وَعَلَى عِبَادِ اللهِ الصَّالِحِيْنَ

اَشْهَدُ اَنْ لَّآ اِلٰهَ اِلَّا اللهُ وَحْدَهُ لَا شَرِيْكَ لَهُ

وَاَشْهَدُ اَنَّ مُحَمَّدًا عَبْدُهُ وَرَسُوْلُهُ

BISMIL-LĀHI KHAYRIL 'ASMĀ'. 'AT-TAḤIYYĀTUZ-ZĀKIYĀTUṢ-ṢALAWĀTUṬ-ṬAYYIBĀTU LILLĀH. 'AS-SALĀMU `ALAYKA 'AYYUHAN-NABIYYU WA RAḤMATUL-LĀHI WA BARAKĀTUH. 'AS-SALĀMU `ALAYNĀ WA `ALĀ `IBĀDIL-LĀHIṢ-ṢĀLIḤĪN. 'ASH-HADU 'ALLĀ 'ILĀHA 'ILLAL-LĀH WAḤDAHŪ LĀ SHARĪKA LAH. WA 'ASH-HADU 'ANNA MUḤAMMADAN `ABDUHŪ WA RASŪLUH.

In the name of Allāh, the best of names.
All greetings, and all purities, all salutations, all good are for Allāh.
Peace be upon you, O Messenger; and Allāh's mercy and blessings.
Peace be upon us and upon Allāh's pious servants.
I bear witness that there are none worthy of worship but Allāh, Who is alone without partner. And I bear witness that Muḥammad is His servant and Messenger.

al Bayhaqī

---- 61 ----

بِسْمِ اللهِ خَيْرِ الْاَسْمَاءِ اَلتَّحِيَّاتُ لِلّٰهِ الْمُبَارَكَاتُ لِلّٰهِ

الطَّيِّبَاتُ لِلّٰهِ اَلسَّلَامُ عَلَيْكَ اَيُّهَا النَّبِيُّ وَرَحْمَةُ اللهِ وَبَرَكَاتُهُ

اَلسَّلَامُ عَلَيْنَا وَعَلٰى عِبَادِ اللّٰهِ الصَّالِحِيْنَ اَشْهَدُ اَنْ لَّآ اِلٰهَ
اِلَّا اللّٰهُ وَاَشْهَدُ اَنَّ مُحَمَّدًا عَبْدُهٗ وَرَسُوْلُهٗ

BISMIL-LĀHI KHAYRIL 'ASMĀ'. 'AT-TAḤIYYĀTU LILLĀH.
'AL MUBĀRAKĀTU LILLĀH. 'AṬ-ṬAYYIBĀTU LILLĀH.
'AS-SALĀMU `ALAYKA 'AYYUHAN-NABIYYU
WA RAḤMATUL-LĀHI WA BARAKĀTUH.
'AS-SALĀMU `ALAYNĀ WA `ALĀ `IBĀDIL-LĀHIṢ-ṢĀLIḤĪN.
'ASH-HADU 'ALLĀ 'ILĀHA 'ILLAL-LĀH.
WA 'ASH-HADU 'ANNA MUḤAMMADAN `ABDUHŪ WA RASŪLUH.

In the name of Allāh, the best of names.
All greetings are for Allāh. And all auspices are for Allāh.
And all good are for Allāh.
Peace be upon you, O Messenger;
and Allāh's mercy and blessings.
Peace be upon us and upon Allāh's pious servants.
I bear witness that there are none worthy of worship but Allāh.
And I bear witness that Muḥammad is His servant and Messenger.

Muṣannaf `Abd ar Razzāq

---- 62 ----

بِسْمِ اللّٰهِ الرَّحْمٰنِ الرَّحِيْمِ اَلتَّحِيَّاتُ الْمُبَارَكَاتُ
وَالصَّلَوَاتُ الطَّيِّبَاتُ لِلّٰهِ اَلسَّلَامُ عَلَيْكَ اَيُّهَا النَّبِيُّ
وَرَحْمَةُ اللّٰهِ وَبَرَكَاتُهٗ اَلسَّلَامُ عَلَيْنَا وَعَلٰى عِبَادِ اللّٰهِ

الصَّالِحِيْنَ اَشْهَدُ اَنْ لَّآ اِلٰهَ اِلَّا اللّٰهُ

وَاَشْهَدُ اَنَّ مُحَمَّدًا عَبْدُهٗ وَرَسُوْلُهٗ

BISMIL-LĀHIR-RAḤMĀNIR-RAḤĪM.
'AT-TAḤIYYĀTUL MUBĀRAKĀTU
WAṢ-ṢALAWĀTUṬ-ṬAYYIBĀTU LILLĀH.
'AS-SALĀMU `ALAYKA 'AYYUHAN-NABIYYU
WA RAḤMATUL-LĀHI WA BARAKĀTUH.
'AS-SALĀMU `ALAYNĀ WA `ALĀ `IBĀDIL-LĀHIṢ-ṢALIḤĪN.
'ASH-HADU 'ALLĀ 'ILĀHA 'ILLAL-LĀH.
WA 'ASH-HADU 'ANNA MUḤAMMADAN `ABDUHŪ WA RASŪLUH.

In the name of Allāh, the Most Kind, Most Merciful.
All greetings, all auspices all salutations
and all good are for Allāh.
Peace be upon you, O Messenger;
and Allāh's mercy and blessings.
Peace be upon us and upon Allāh's pious servants.
I bear witness that there are none worthy of worship but Allāh.
And I bear witness that Muḥammad is His servant and Messenger.

Muṣannaf `Abd ar Razzāq

---- 63 ----

بِسْمِ اللّٰهِ اَلتَّحِيَّاتُ لِلّٰهِ الصَّلَوَاتُ لِلّٰهِ الزَّاكِيَاتُ لِلّٰهِ

اَلسَّلَامُ عَلَيْكَ اَيُّهَا النَّبِيُّ وَرَحْمَةُ اللّٰهِ وَبَرَكَاتُهٗ

اَلسَّلَامُ عَلَيْنَا وَعَلٰى عِبَادِ اللّٰهِ الصَّالِحِيْنَ

شَهِدْتُّ اَنْ لَّآ اِلٰهَ اِلَّا اللّٰهُ شَهِدْتُّ اَنْ لَّآ اِلٰهَ اِلَّا اللّٰهُ

شَهِدْتُّ اَنَّ مُحَمَّدًا رَسُوْلُ اللّٰهِ

BISMIL-LĀH. 'AT-TAḤIYYĀTU LILLĀH.
'AṢ-ṢALAWĀTU LILLĀH. 'AZ-ZĀKIYĀTU LILLĀH.
'AS-SALĀMU `ALAYKA 'AYYUHAN-NABIYYU
WA RAḤMATUL-LĀHI WA BARAKĀTUH.
'AS-SALĀMU `ALAYNĀ WA `ALĀ `IBĀDIL-LĀHIṢ-ṢĀLIḤĪN.
SHAHID-TU 'ALLĀ 'ILĀHA 'ILLAL-LĀH.
SHAHID-TU 'ALLĀ 'ILĀHA 'ILLAL-LĀH.
SHAHID-TU 'ANNA MUḤAMMADAR-RASŪLULLĀH.

In the name of Allāh. All greetings are for Allāh.
All salutations are for Allāh. All purities are for Allāh.
Peace be upon you, O Messenger;
and Allāh's mercy and blessings.
Peace be upon us and upon Allāh's pious servants.
I have testified that there are none worthy of worship but Allāh.
I have testified that there are none worthy of worship but Allāh.
I have testified that Muḥammad is Allāh's Messenger.

Muṣannaf `Abd ar Razzāq

---- 64 ----

اَللّٰهُمَّ صَلِّ عَلٰى مُحَمَّدٍ

اَللّٰهُمَّ اَنْزِلْهُ الْمَقْعَدَ الْمُقَرَّبَ عِنْدَكَ يَوْمَ الْقِيَامَةِ

'ALLĀHUMMA ṢALLI `ALĀ MUḤAMMAD.

'ALLĀHUMMA 'ANZILHUL MAQ-`ADAL MUQARRABA `INDAKA YAWMAL QIYĀMAH.

O Allāh! Send salutations upon Muḥammad. O Allāh! grant him a place close to You, on the Last Day.

Musnad Aḥmad, aṭ Ṭabarānī and Musnad al Bazzār

---- 65 ----

جَزَى اللهُ عَنَّا مُحَمَّدًا بِمَا هُوَ اَهْلُهُ

JAZAL-LĀHU `ANNĀ MUḤAMMADAM BIMĀ HUWA 'AHLUH.

May Allāh grant on our behalf Muḥammad what he is worthy of.

aṭ Ṭabarānī fil Awsaṭ

---- 66 ----

جَزَى اللهُ مُحَمَّدًا عَنَّا مَا هُوَ اَهْلُهُ

JAZAL-LĀHU MUḤAMMADAN `ANNĀ MĀ HUWA 'AHLUH.

May Allāh grant Muḥammad on our behalf what he is worthy of.

aṭ Ṭabarānī fil Mu`jam al Kabīr

---- 67 ----

اَللّٰهُمَّ صَلِّ عَلٰى مُحَمَّدٍ وَّ عَلٰى اٰلِ مُحَمَّدٍ وَّبَارِكْ عَلٰى
مُحَمَّدٍ وَّ عَلٰى اٰلِ مُحَمَّدٍ كَمَا صَلَّيْتَ وَبَارَكْتَ عَلٰى
اِبْرَاهِيْمَ وَاٰلِ اِبْرَاهِيْمَ اِنَّكَ حَمِيْدٌ مَّجِيْدٌ

'ALLĀHUMMA ṢALLI `ALĀ MUḤAMMADIW-WA `ALĀ 'ĀLI MUḤAMMAD. WA BĀRIK `ALĀ MUḤAMMADIW-WA `ALĀ 'ĀLI MUḤAMMAD, KAMĀ ṢALLAYTA WA BĀRAKTA `ALĀ 'IBRĀHĪMA WA 'ĀLI 'IBRĀHĪM. 'INNAKA ḤAMĪDUM MAJĪD.

O Allāh! Send salutations upon Muḥammad and the family of Muḥammad, and send blessings upon Muḥammad and the family of Muḥammad, in the manner that You sent salutations and blessings upon Ibrāhīm and the family of Ibrāhīm. You are the Praiseworthy, the Majesty.

aṭ Ṭabarānī

---- 68 ----

أَللّٰهُمَّ صَلِّ عَلٰى مُحَمَّدٍ عَبْدِكَ وَرَسُوْلِكَ كَمَا صَلَّيْتَ
عَلٰى اِبْرَاهِيْمَ وَبَارِكْ عَلٰى مُحَمَّدٍ وَّ اٰلِ مُحَمَّدٍ
كَمَا بَارَكْتَ عَلٰى اِبْرَاهِيْمَ وَ اٰلِ اِبْرَاهِيْمَ

'ALLĀHUMMA ṢALLI `ALĀ MUḤAMMADIN `ABDIKA WA RASŪLIK, KAMĀ ṢALLAYTA `ALĀ 'IBRĀHĪM WA BĀRIK `ALĀ MUḤAMMADIW-WA 'ĀLI MUḤAMMAD, KAMĀ BĀRAKTA `ALĀ 'IBRĀHĪMA WA 'ĀLI 'IBRĀHĪM.

O Allāh! Send salutations upon Muḥammad, (who is) Your servant and Messenger, in the manner that You sent salutations upon Ibrāhīm. And send blessings upon Muḥammad and the family of Muḥammad, in the manner that You sent blessings

upon Ibrāhīm and the family of Ibrāhīm.

al Bukhārī

---- 69 ----

اَللّٰهُمَّ صَلِّ عَلٰى مُحَمَّدٍ عَبْدِكَ وَرَسُوْلِكَ

كَمَا صَلَّيْتَ عَلٰى اِبْرَاهِيْمَ وَبَارِكْ عَلٰى مُحَمَّدٍ وَّاٰلِ مُحَمَّدٍ

كَمَا بَارَكْتَ عَلٰى اِبْرَاهِيْمَ

'ALLĀHUMMA ṢALLI `ALĀ MUḤAMMADIN `ABDIKA WA RASŪLIK, KAMĀ ṢALLAYTA `ALĀ 'IBRĀHĪM WA BĀRIK `ALĀ MUḤAMMADIW-WA 'ĀLI MUḤAMMAD, KAMĀ BĀRAKTA `ALĀ 'IBRĀHĪM.

O Allāh! Send salutations upon Muḥammad,
(who is) Your servant and Messenger,
in the manner that You sent salutations upon Ibrāhīm.
And send blessings upon Muḥammad
and the family of Muḥammad, in the manner
that You sent blessings upon Ibrāhīm.

an Nasa'ī

---- 70 ----

اَللّٰهُمَّ صَلِّ عَلٰى مُحَمَّدٍ عَبْدِكَ وَرَسُوْلِكَ

كَمَا صَلَّيْتَ عَلٰى اِبْرَاهِيْمَ وَبَارِكْ عَلٰى مُحَمَّدٍ

وَّعَلٰى اٰلِ مُحَمَّدٍ كَمَا بَارَكْتَ عَلٰى اِبْرَاهِيْمَ

‘ALLĀHUMMA ṢALLI `ALĀ MUḤAMMADIN `ABDIKA WA RASŪLIK, KAMĀ ṢALLAYTA `ALĀ ‘IBRĀHĪM WA BĀRIK `ALĀ MUḤAMMADIW-WA `ALĀ ’ĀLI MUḤAMMAD, KAMĀ BĀRAKTA `ALĀ ‘IBRĀHĪM.

O Allāh! Send salutations upon Muḥammad, (who is) Your servant and Messenger, in the manner that You sent salutations upon Ibrāhīm. And send blessings upon Muḥammad and the family of Muḥammad, in the manner that You sent blessings upon Ibrāhīm.

Ibn Mājah

---- 71 ----

اَللّٰهُمَّ صَلِّ عَلٰى مُحَمَّدٍ كَمَا صَلَّيْتَ عَلٰى اٰلِ اِبْرَاهِيْمَ

اَللّٰهُمَّ بَارِكْ عَلٰى مُحَمَّدٍ كَمَا بَارَكْتَ عَلٰى اٰلِ اِبْرَاهِيْمَ

‘ALLĀHUMMA ṢALLI `ALĀ MUḤAMMAD, KAMĀ ṢALLAYTA `ALĀ ’ĀLI ‘IBRĀHĪM. ‘ALLĀHUMMA BĀRIK `ALĀ MUḤAMMAD, KAMĀ BĀRAKTA `ALĀ ’ĀLI ‘IBRĀHĪM.

O Allāh! Send salutations upon Muḥammad, in the manner that You sent salutations upon the family of Ibrāhīm. O Allāh! Send blessings upon Muḥammad, in the manner that You sent blessings upon the family of Ibrāhīm.

an Nasa’ī

---- 72 ----

أَللّٰهُمَّ صَلِّ عَلٰى مُحَمَّدٍ وَّعَلٰى اٰلِ مُحَمَّدٍ كَمَا صَلَّيْتَ

عَلٰى اِبْرَاهِيْمَ وَ أٰلِ اِبْرَاهِيْمَ اِنَّكَ حَمِيْدٌ مَّجِيْدٌ ج
وَبَارِكْ عَلٰى مُحَمَّدٍ وَّعَلٰى أٰلِ مُحَمَّدٍ كَمَا بَارَكْتَ
عَلٰى اِبْرَاهِيْمَ وَ أٰلِ اِبْرَاهِيْمَ اِنَّكَ حَمِيْدٌ مَّجِيْدٌ ط

'ALLĀHUMMA ṢALLI 'ALĀ MUḤAMMADIW-WA 'ALĀ
'ĀLI MUḤAMMAD, KAMĀ ṢALLAYTA
'ALĀ 'IBRĀHĪMA WA 'ĀLI 'IBRĀHĪM,
'INNAKA ḤAMĪDUM MAJĪD.
WA BĀRIK 'ALĀ MUḤAMMADIW-WA 'ALĀ
'ĀLI MUḤAMMAD, KAMĀ BĀRAKTA
'ALĀ 'IBRĀHĪMA WA 'ĀLI 'IBRĀHĪM,
'INNAKA ḤAMĪDUM MAJĪD.

*O Allāh! Send salutations upon Muḥammad
and the family of Muḥammad,
in the manner that You sent salutations
upon Ibrāhīm and the family of Ibrāhīm.
You are the Praiseworthy, the Majesty.
And send blessings upon Muḥammad
and the family of Muḥammad,
in the manner that You sent blessings
upon Ibrāhīm and the family of Ibrāhīm.
You are the Praiseworthy, the Majesty.*

an Nasa'ī

---- 73 ----

أَللّٰهُمَّ صَلِّ عَلٰى مُحَمَّدٍ وَّعَلٰى أٰلِ مُحَمَّدٍ كَمَا صَلَّيْتَ

عَلٰى اِبْرَاهِيْمَ اِنَّكَ حَمِيْدٌ مَّجِيْدٌ ج

اَللّٰهُمَّ بَارِكْ عَلٰى مُحَمَّدٍ كَمَا بَارَكْتَ

عَلٰى اِبْرَاهِيْمَ اِنَّكَ حَمِيْدٌ مَّجِيْدٌ ط

‘ALLĀHUMMA ṢALLI `ALĀ MUḤAMMADIW-WA `ALĀ
’ĀLI MUḤAMMAD, KAMĀ ṢALLAYTA
`ALĀ ‘IBRĀHĪM, ‘INNAKA ḤAMĪDUM MAJĪD.
‘ALLĀHUMMA BĀRIK `ALĀ MUḤAMMAD,
HĪM, ĀIBR‘ ĀRAKTA `ALĀB ĀKAM
‘INNAKA ḤAMĪDUM MAJĪD.

O Allāh! Send salutations upon Muḥammad
and the family of Muḥammad,
in the manner that You sent salutations upon Ibrāhīm.
You are the Praiseworthy, the Majesty.
O Allāh! send blessings upon Muḥammad,
in the manner that You sent blessings upon Ibrāhīm.
You are the Praiseworthy, the Majesty.

an Nasa’ī

---- 74 ----

اَللّٰهُمَّ صَلِّ عَلٰى مُحَمَّدٍ كَمَا صَلَّيْتَ عَلٰى اٰلِ اِبْرَاهِيْمَ

اَللّٰهُمَّ بَارِكْ عَلٰى اٰلِ مُحَمَّدٍ كَمَا بَارَكْتَ عَلٰى اٰلِ اِبْرَاهِيْمَ

‘ALLĀHUMMA ṢALLI `ALĀ MUḤAMMAD,
KAMĀ ṢALLAYTA `ALĀ ’ĀLI ‘IBRĀHĪM.
‘ALLĀHUMMA BĀRIK `ALĀ ’ĀLI MUḤAMMAD,

KAMĀ BĀRAKTA `ALĀ 'ĀLI 'IBRĀHĪM.

O Allāh! Send salutations upon Muḥammad, in the manner that You sent salutations upon the family of Ibrāhīm. O Allāh! Send blessings upon the family of Muḥammad, in the manner that You sent blessings upon the family of Ibrāhīm.

an Nasa'ī

---- 75 ----

أَللّٰهُمَّ صَلِّ عَلٰى مُحَمَّدٍ وَّ اٰلِ مُحَمَّدٍ كَمَا صَلَّيْتَ

عَلٰى اِبْرَاهِيْمَ وَ اٰلِ اِبْرَاهِيْمَ اِنَّكَ حَمِيْدٌ مَّجِيْدٌ ج

أَللّٰهُمَّ بَارِكْ عَلٰى مُحَمَّدٍ وَّ اٰلِ مُحَمَّدٍ كَمَا بَارَكْتَ

عَلٰى اِبْرَاهِيْمَ وَ اٰلِ اِبْرَاهِيْمَ اِنَّكَ حَمِيْدٌ مَّجِيْدٌ ج

'ALLĀHUMMA ṢALLI `ALĀ MUḤAMMADIW-WA 'ĀLI MUḤAMMAD, KAMĀ ṢALLAYTA `ALĀ 'IBRĀHĪMA WA 'ĀLI 'IBRĀHĪM, 'INNAKA ḤAMĪDUM MAJĪD. 'ALLĀHUMMA BĀRIK `ALĀ MUḤAMMADIW-WA 'ĀLI MUḤAMMAD, KAMĀ BĀRAKTA `ALĀ 'IBRĀHĪMA WA 'ĀLI 'IBRĀHĪM, 'INNAKA ḤAMĪDUM MAJĪD.

O Allāh! Send salutations upon Muḥammad and the family of Muḥammad, in the manner that You sent salutations upon Ibrāhīm and the family of Ibrāhīm.

You are the Praiseworthy, the Majesty.
O Allāh! Send blessings upon Muḥammad
and the family of Muḥammad,
in the manner that You sent blessings
upon Ibrāhīm and the family of Ibrāhīm.
You are the Praiseworthy, the Majesty.

al Bahāqī

---- 76 ----

أَللّٰهُمَّ صَلِّ عَلٰى مُحَمَّدٍ وَّعَلٰى أٰلِ مُحَمَّدٍ كَمَا صَلَّيْتَ
عَلٰى اِبْرَاهِيْمَ اِنَّكَ حَمِيْدٌ مَّجِيْدٌ ج
أَللّٰهُمَّ بَارِكْ عَلٰى مُحَمَّدٍ وَّعَلٰى أٰلِ مُحَمَّدٍ كَمَا بَارَكْتَ
عَلٰى اِبْرَاهِيْمَ وَعَلٰى أٰلِ اِبْرَاهِيْمَ اِنَّكَ حَمِيْدٌ مَّجِيْدٌ ج

'ALLĀHUMMA ṢALLI `ALĀ MUḤAMMADIW-WA `ALĀ
'ĀLI MUḤAMMAD, KAMĀ ṢALLAYTA
`ALĀ 'IBRĀHĪM.
'INNAKA ḤAMĪDUM MAJĪD.
'ALLĀHUMMA BĀRIK `ALĀ MUḤAMMADIW-WA `ALĀ
'ĀLI MUḤAMMAD, KAMĀ BĀRAKTA
`ALĀ 'IBRĀHĪMA WA `ALĀ 'ĀLI 'IBRĀHĪM.
'INNAKA ḤAMĪDUM MAJĪD.

O Allāh! Send salutations upon Muḥammad
and the family of Muḥammad,
in the manner that You sent salutations
upon Ibrāhīm.

You are the Praiseworthy, the Majesty.
O Allāh! Send blessings upon Muḥammad
and the family of Muḥammad,
in the manner that You sent blessings
upon Ibrāhīm and the family of Ibrāhīm.
You are the Praiseworthy, the Majesty.

Musnad Abī \`Awānah

---- 77 ----

أَللّٰهُمَّ صَلِّ عَلٰى مُحَمَّدٍ وَّعَلٰى اٰلِ مُحَمَّدٍ كَمَا صَلَّيْتَ
عَلٰى اٰلِ اِبْرَاهِيْمَ اِنَّكَ حَمِيْدٌ مَّجِيْدٌ ج
أَللّٰهُمَّ بَارِكْ عَلٰى مُحَمَّدٍ وَّاٰلِ مُحَمَّدٍ كَمَا بَارَكْتَ
عَلٰى اٰلِ اِبْرَاهِيْمَ اِنَّكَ حَمِيْدٌ مَّجِيْدٌ ج

‘ALLĀHUMMA ṢALLI \`ALĀ MUḤAMMADIW-WA \`ALĀ
’ĀLI MUḤAMMAD, KAMĀ ṢALLAYTA
\`ALĀ ’ĀLI ‘IBRĀHĪM. ‘INNAKA ḤAMĪDUM MAJĪD.
‘ALLĀHUMMA BĀRIK \`ALĀ MUḤAMMADIW-WA
’ĀLI MUḤAMMAD, KAMĀ BĀRAKTA
\`ALĀ ‘ĀLI ‘IBRĀHĪM. ‘INNAKA ḤAMĪDUM MAJĪD.

O Allāh! Send salutations upon Muḥammad
and upon the family of Muḥammad,
in the manner that You sent salutations
upon the family of Ibrāhīm.
You are the Praiseworthy, the Majesty.
O Allāh! Send blessings upon Muḥammad

and the family of Muḥammad,
in the manner that You sent blessings
upon the family of Ibrāhīm.
You are the Praiseworthy, the Majesty.

an Nasa'ī

---- 78 ----

اَللّٰهُمَّ صَلِّ عَلٰى مُحَمَّدٍ وَّ عَلٰى اٰلِ مُحَمَّدٍ كَمَا صَلَّيْتَ عَلٰى اٰلِ اِبْرَاهِيْمَ وَبَارِكْ عَلٰى مُحَمَّدٍ وَّ عَلٰى اٰلِ مُحَمَّدٍ كَمَا بَارَكْتَ عَلٰى اِبْرَاهِيْمَ فِي الْعَالَمِيْنَ اِنَّكَ حَمِيْدٌ مَّجِيْدٌ

'ALLĀHUMMA ṢALLI `ALĀ MUḤAMMADIW-WA `ALĀ
'ĀLI MUḤAMMAD, KAMĀ ṢALLAYTA
`ALĀ 'ĀLI 'IBRĀHĪM.
WA BĀRIK `ALĀ MUḤAMMADIW-WA `ALĀ
'ĀLI MUḤAMMAD, KAMĀ BĀRAKTA
`ALĀ 'IBRĀHĪMA FIL `ĀLAMĪN,
'INNAKA ḤAMĪDUM MAJĪD.

O Allāh! Send salutations upon Muḥammad
and upon the family of Muḥammad,
in the manner that You sent salutations
upon the family of Ibrāhīm.
And send blessings upon Muḥammad
and upon the family of Muḥammad,
in the manner that You sent blessings
upon Ibrāhīm in the worlds.
You are the Praiseworthy, the Majesty.

Musnad Abī `Awānah

---- 79 ----

اَللّٰهُمَّ صَلِّ عَلٰى مُحَمَّدٍ وَّ عَلٰى اٰلِ مُحَمَّدٍ كَمَا صَلَّيْتَ عَلٰى اِبْرَاهِيْمَ وَبَارِكْ عَلٰى مُحَمَّدٍ وَّ عَلٰى اٰلِ مُحَمَّدٍ كَمَا بَارَكْتَ عَلٰى اٰلِ اِبْرَاهِيْمَ فِي الْعَالَـمِيْنَ اِنَّكَ حَمِيْدٌ مَّجِيْدٌ

**'ALLĀHUMMA ṢALLI `ALĀ MUḤAMMADIW-WA `ALĀ
'ĀLI MUḤAMMAD, KAMĀ ṢALLAYTA
`ALĀ 'IBRĀHĪM.
WA BĀRIK `ALĀ MUḤAMMADIW-WA `ALĀ
'ĀLI MUḤAMMAD, KAMĀ BĀRAKTA
`ALĀ 'ĀLI 'IBRĀHĪMA FIL `ĀLAMĪN,
'INNAKA ḤAMĪDUM MAJĪD.**

*O Allāh! Send salutations upon Muḥammad
and upon the family of Muḥammad,
in the manner that You sent salutations
upon Ibrāhīm.
And send blessings upon Muḥammad
and upon the family of Muḥammad,
in the manner that You sent blessings
upon the family of Ibrāhīm in the worlds.
You are the Praiseworthy, the Majesty.*

Sunan ad Dārāmī

---- 80 ----

اَللّٰهُمَّ صَلِّ عَلٰى مُحَمَّدٍ وَّ عَلٰى اٰلِ مُحَمَّدٍ
وَبَارِكْ عَلٰى مُحَمَّدٍ وَّ عَلٰى اٰلِ مُحَمَّدٍ كَمَا بَارَكْتَ

عَلٰى اِبْرَاهِيْمَ فِي الْعَالَـمِيْنَ اِنَّكَ حَمِيْدٌ مَّجِيْدٌ

'ALLĀHUMMA ṢALLI `ALĀ MUḤAMMADIW-WA `ALĀ
'ĀLI MUḤAMMAD,
WA BĀRIK `ALĀ MUḤAMMADIW-WA `ALĀ
'ĀLI MUḤAMMAD, KAMĀ BĀRAKTA
`ALĀ 'IBRĀHĪMA FIL `ĀLAMĪN,
'INNAKA ḤAMĪDUM MAJĪD.

O Allāh! Send salutations upon Muḥammad
and upon the family of Muḥammad,
and send blessings upon Muḥammad
and upon the family of Muḥammad,
in the manner that You sent blessings
upon Ibrāhīm in the worlds.
You are the Praiseworthy, the Majesty.

Musnad al Aḥmad

---- 81 ----

اَللّٰهُمَّ صَلِّ عَلٰى مُحَمَّدٍ وَّ عَلٰى اٰلِ مُحَمَّدٍ كَمَا صَلَّيْتَ عَلٰى
اِبْرَاهِيْمَ وَبَارِكْ عَلٰى مُحَمَّدٍ كَمَا بَارَكْتَ
عَلٰى اٰلِ اِبْرَاهِيْمَ فِي الْعَالَـمِيْنَ اِنَّكَ حَمِيْدٌ مَّجِيْدٌ

'ALLĀHUMMA ṢALLI `ALĀ MUḤAMMADIW-WA `ALĀ
'ĀLI MUḤAMMAD, KAMĀ ṢALLAYTA `ALĀ 'IBRĀHĪM.
WA BĀRIK `ALĀ MUḤAMMAD,
KAMĀ BĀRAKTA
`ALĀ 'ĀLI IBRĀHĪMA FIL `ĀLAMĪN,
'INNAKA ḤAMĪDUM MAJĪD.

O Allāh! Send salutations upon Muḥammad
and upon the family of Muḥammad,
in the manner that You sent salutations upon Ibrāhīm
and send blessings upon Muḥammad
in the manner that You sent blessings
upon the family of Ibrāhīm in the worlds.
You are the Praiseworthy, the Majesty.

Musnad al Aḥmad

---- 82 ----

اَللّٰهُمَّ صَلِّ عَلٰى مُحَمَّدٍ وَّ عَلٰى اٰلِ مُحَمَّدٍ كَمَا صَلَّيْتَ عَلٰى
اِبْرَاهِيْمَ وَبَارِكْ عَلٰى مُحَمَّدٍ وَّ عَلٰى اٰلِ مُحَمَّدٍ كَمَا بَارَكْتَ
عَلٰى اِبْرَاهِيْمَ فِي الْعَالَمِيْنَ اِنَّكَ حَمِيْدٌ مَّجِيْدٌ

'ALLĀHUMMA ṢALLI `ALĀ MUḤAMMADIW-WA `ALĀ
'ĀLI MUḤAMMAD, KAMĀ ṢALLAYTA
`ALĀ 'IBRĀHĪM.
WA BĀRIK `ALĀ MUḤAMMADIW-WA `ALĀ
'ĀLI MUḤAMMAD, KAMĀ BĀRAKTA
`ALĀ 'IBRĀHĪMA FIL `ĀLAMĪN,
'INNAKA ḤAMĪDUM-MAJĪD.

O Allāh! Send salutations upon Muḥammad
and upon the family of Muḥammad,
in the manner that You sent salutations
upon Ibrāhīm.
And send blessings upon Muḥammad
and upon the family of Muḥammad,
in the manner that You sent blessings

upon Ibrāhīm in the worlds.
You are the Praiseworthy, the Majesty.

Sunan al Bayhaqī

---- 83 ----

أَللّٰهُمَّ صَلِّ عَلٰى مُحَمَّدٍ وَّأَزْوَاجِهٖ وَذُرِّيَّتِهٖ كَمَا صَلَّيْتَ
عَلٰى اِبْرَاهِيْمَ وَبَارِكْ عَلٰى مُحَمَّدٍ وَّأَزْوَاجِهٖ
وَذُرِّيَّتِهٖ كَمَا بَارَكْتَ عَلٰى اِبْرَاهِيْمَ
اِنَّكَ حَمِيْدٌ مَّجِيْدٌ ط

'ALLĀHUMMA ṢALLI `ALĀ MUḤAMMADIW-WA
'AZWĀJIHĪ WA DHUR-RIYYATIH,
KAMĀ ṢALLAYTA `ALĀ 'IBRĀHĪM.
WA BĀRIK `ALĀ MUḤAMMADIW-WA
'AZWĀJIHĪ WA DHUR-RIYYATIH,
KAMĀ BĀRAKTA `ALĀ 'IBRĀHĪM.
'INNAKA ḤAMĪDUM MAJĪD.

O Allāh! Send salutations upon Muḥammad
and his wives and children, in the manner that
You sent salutations upon Ibrāhīm.
And send blessings upon Muḥammad
and his wives and children,
in the manner that You sent blessings
upon Ibrāhīm.
You are the Praiseworthy, the Majesty.

al Ḥākim

---- 84 ----

أَللّٰهُمَّ صَلِّ عَلٰى مُحَمَّدٍ وَّأَزْوَاجِهِ وَذُرِّيَّتِهِ كَمَا صَلَّيْتَ عَلٰى اِبْرَاهِيْمَ وَبَارِكْ عَلٰى مُحَمَّدٍ وَّأَزْوَاجِهِ وَذُرِّيَّتِهِ كَمَا بَارَكْتَ عَلٰى اٰلِ اِبْرَاهِيْمَ فِي الْعَالَـمِيْنَ اِنَّكَ حَمِيْدٌ مَّجِيْدٌ ط

'ALLĀHUMMA ṢALLI `ALĀ MUḤAMMADIW-WA 'AZWĀJIHĪ WA DHUR-RIYYATIH, KAMĀ ṢALLAYTA `ALĀ 'IBRĀHĪM.
WA BĀRIK `ALĀ MUḤAMMADIW-WA 'AZWĀJIHĪ WA DHUR-RIYYATIH, KAMĀ BĀRAKTA `ALĀ 'ĀLI 'IBRĀHĪMA FIL `ĀLAMĪN,
'INNAKA ḤAMĪDUM MAJĪD.

O Allāh! Send salutations upon Muḥammad and his wives and children, in the manner that You sent salutations upon Ibrāhīm. And send blessings upon Muḥammad and his wives and children, in the manner that You sent blessings upon the family of Ibrāhīm in the worlds. You are the Praiseworthy, the Majesty.

Ibn Mājah

---- 85 ----

أَللّٰهُمَّ صَلِّ عَلٰى مُحَمَّدٍ وَّعَلٰى أَزْوَاجِهٖ وَذُرِّيَّتِهٖ كَمَا صَلَّيْتَ عَلٰى أٰلِ اِبْرَاهِيْمَ وَبَارِكْ عَلٰى مُحَمَّدٍ وَّ أَزْوَاجِهٖ وَذُرِّيَّتِهٖ كَمَا بَارَكْتَ عَلٰى أٰلِ اِبْرَاهِيْمَ اِنَّكَ حَمِيْدٌ مَّجِيْدٌ ط

'ALLĀHUMMA ṢALLI `ALĀ MUḤAMMADIW-WA `ALĀ 'AZWĀJIHĪ WA DHUR-RIYYATIH, KAMĀ ṢALLAYTA `ALĀ 'ĀLI 'IBRĀHĪM. WA BĀRIK `ALĀ MUḤAMMADIW-WA 'AZWĀJIHĪ WA DHUR-RIYYATIH, KAMĀ BĀRAKTA `ALĀ 'ĀLI 'IBRĀHĪM, 'INNAKA ḤAMĪDUM MAJĪD.

O Allāh! Send salutations upon Muḥammad and upon his wives and children, in the manner that You sent salutations upon the family of Ibrāhīm. And send blessings upon Muḥammad and his wives and children, in the manner that You sent blessings upon the family of Ibrāhīm. You are the Praiseworthy, the Majesty.

Musnad Abī `Awānah

---- 86 ----

اَللّٰهُمَّ صَلِّ عَلٰى مُحَمَّدٍ وَّعَلٰى أَهْلِ بَيْتِهٖ وَعَلٰى اَزْوَاجِهٖ
وَذُرِّيَّتِهٖ كَمَا صَلَّيْتَ عَلٰى اِبْرَاهِيْمَ وَعَلٰى اٰلِ اِبْرَاهِيْمَ
اِنَّكَ حَمِيْدٌ مَّجِيْدٌ وَبَارِكْ عَلٰى مُحَمَّدٍ وَّعَلٰى أَهْلِ بَيْتِهٖ
وَعَلٰى اَزْوَاجِهٖ وَذُرِّيَّتِهٖ كَمَا بَارَكْتَ عَلٰى
اِبْرَاهِيْمَ وَعَلٰى اٰلِ اِبْرَاهِيْمَ اِنَّكَ حَمِيْدٌ مَّجِيْدٌ

'ALLĀHUMMA ṢALLI `ALĀ MUḤAMMADIW-WA `ALĀ 'AHLI BAYTIHĪ WA `ALĀ 'AZWĀJIHĪ WA DHUR-RIYYATIH, KAMĀ ṢALLAYTA `ALĀ 'IBRĀHĪMA WA `ALĀ 'ĀLI 'IBRĀHĪM. 'INNAKA ḤAMĪDUM MAJĪD.
WA BĀRIK `ALĀ MUḤAMMADIW-WA `ALĀ 'AHLI BAYTIHĪ WA `ALĀ 'AZWĀJIHĪ WA DHUR-RIYYATIH, KAMĀ BĀRAKTA `ALĀ 'IBRĀHĪMA WA `ALĀ 'ĀLI 'IBRĀHĪM. 'INNAKA ḤAMĪDUM MAJĪD.

O Allāh! Send salutations upon Muḥammad, upon his household, and upon his wives and children, in the manner that You sent salutations upon Ibrāhīm and upon the family of Ibrāhīm. You are the Praiseworthy, the Majesty. And send blessings upon Muḥammad, upon his household, and upon his wives and children, in the manner that You sent blessings upon Ibrāhīm and upon the family of Ibrāhīm.

You are the Praiseworthy, the Majesty.

Muṣannaf `Abd ar Razzāq

---- 87 ----

اَللّٰهُمَّ صَلِّ عَلٰى مُحَمَّدٍ وَّعَلٰى أَهْلِ بَيْتِهٖ وَعَلٰى اَزْوَاجِهٖ

وَذُرِّيَّتِهٖ كَمَا صَلَّيْتَ عَلٰى اٰلِ اِبْرَاهِيْمَ

اِنَّكَ حَمِيْدٌ مَّجِيْدٌ وَبَارِكْ عَلٰى مُحَمَّدٍ وَّعَلٰى أَهْلِ بَيْتِهٖ

وَعَلٰى اَزْوَاجِهٖ وَذُرِّيَّتِهٖ كَمَا بَارَكْتَ عَلٰى

اٰلِ اِبْرَاهِيْمَ اِنَّكَ حَمِيْدٌ مَّجِيْدٌ

'ALLĀHUMMA ṢALLI `ALĀ MUḤAMMADIW-WA `ALĀ 'AHLI BAYTIHĪ WA `ALĀ 'AZWĀJIHĪ WA DHUR-RIYYATIH, KAMĀ ṢALLAYTA `ALĀ 'ĀLI 'IBRĀHĪM.
'INNAKA ḤAMĪDUM MAJĪD.
WA BĀRIK `ALĀ MUḤAMMADIW-WA `ALĀ 'AHLI BAYTIHĪ WA `ALĀ 'AZWĀJIHĪ WA DHUR-RIYYATIH, KAMĀ BĀRAKTA `ALĀ 'ĀLI 'IBRĀHĪM.
'INNAKA ḤAMĪDUM MAJĪD.

O Allāh! Send salutations upon Muḥammad, upon his household, and upon his wives and children, in the manner that You sent salutations upon the family of Ibrāhīm.
You are the Praiseworthy, the Majesty.
O Allāh! Send blessings upon Muḥammad, upon his household, and upon his wives and children,

in the manner that You sent blessings
upon the family of Ibrāhīm.
You are the Praiseworthy, the Majesty.

Musnad Aḥmad

---- 88 ----

اَللّٰهُمَّ اجْعَلْ صَلَاتَكَ وَرَحْمَتَكَ وَبَرَكَاتِكَ عَلٰى سَيِّدِ
الْمُرْسَلِيْنَ وَاِمَامِ الْمُتَّقِيْنَ وَخَاتَمِ النَّبِيِّيْنَ مُحَمَّدٍ عَبْدِكَ
وَرَسُوْلِكَ اِمَامِ الْخَيْرِ وَقَائِدِ الْخَيْرِ وَرَسُوْلِ الرَّحْمَةِ
اَللّٰهُمَّ ابْعَثْهُ مَقَامًا مَّحْمُوْدًا يَّغْبِطُهٗ بِهِ الْاَوَّلُوْنَ وَالْاٰخِرُوْنَ
اَللّٰهُمَّ صَلِّ عَلٰى مُحَمَّدٍ وَّعَلٰى اٰلِ مُحَمَّدٍ كَمَا صَلَّيْتَ
عَلٰى اِبْرَاهِيْمَ وَعَلٰى اٰلِ اِبْرَاهِيْمَ اِنَّكَ حَمِيْدٌ مَّجِيْدٌ ج
اَللّٰهُمَّ بَارِكْ عَلٰى مُحَمَّدٍ وَّعَلٰى اٰلِ مُحَمَّدٍ كَمَا بَارَكْتَ
عَلٰى اِبْرَاهِيْمَ وَعَلٰى اٰلِ اِبْرَاهِيْمَ اِنَّكَ حَمِيْدٌ مَّجِيْدٌ ج

'ALLĀHUM-MAJ`AL ṢALĀTAKA WA RAḤMATAKA WA BARAKĀTIKA `ALĀ SAYYIDIL MURSALĪN, WA 'IMĀMIL MUTTAQĪN, WA KHĀTAMIN NABIYYĪN, MUḤAMMADIN `ABDIKA WA RASŪLIK, 'IMĀMIL KHAYRI WA QĀ'IDIL KHAYR, WA RASŪLIR RAḤMAH. 'ALLĀHUM-MAB`ATH-HU MAQĀMAM-MAḤMUDAY-

YAGHBIṬUHŪ BIHIL ‘AWWALŪNA WAL ‘ĀKHIRŪN.
‘ALLĀHUMMA ṢALLI `ALĀ MUḤAMMADIW-WA `ALĀ
’ĀLI MUḤAMMAD, KAMĀ ṢALLAYTA
`ALĀ ‘IBRĀHĪMA WA `ALĀ ’ĀLI ‘IBRĀHĪM.
‘INNAKA ḤAMĪDUM MAJĪD.
‘ALLĀHUMMA BĀRIK `ALĀ MUḤAMMADIW-WA `ALĀ
’ĀLI MUḤAMMAD, KAMĀ BĀRAKTA
`ALĀ ‘IBRĀHĪMA WA `ALĀ ’ĀLI ‘IBRĀHĪM.
‘INNAKA ḤAMĪDUM MAJĪD.

O Allāh send Your salutations,
Your mercy and Your blessings
upon the leader of the apostles,
the Imām of the god-fearing, the seal of the Messengers,
Muḥammad, Your servant and Messenger,
the Imām of good, the commander of good,
and the Messenger of mercy.
O Allāh! Grant him the Praiseworthy Post
(in nearness to You), that those who have passed before us,
and those who are yet to pass, all aspire to.
O Allāh! Send salutations upon Muḥammad
and the family of Muḥammad,
in the manner that You sent salutations
upon Ibrāhīm and the family of Ibrāhīm.
You are the Praiseworthy, the Majesty.
O Allāh! Send blessings upon Muḥammad
and the family of Muḥammad,
in the manner that You sent blessings
upon Ibrāhīm and the family of Ibrāhīm.
You are the Praiseworthy, the Majesty.

Ibn Mājah

---- 89 ----

اَللّٰهُمَّ صَلِّ عَلٰى مُحَمَّدٍ وَّ عَلٰى اٰلِ مُحَمَّدٍ

كَمَا صَلَّيْتَ عَلٰى اٰلِ اِبْرَاهِيْمَ اِنَّكَ حَمِيْدٌ مَّجِيْدٌ

**'ALLĀHUMMA ṢALLI `ALĀ MUḤAMMADIW-WA `ALĀ 'ĀLI MUḤAMMAD,
KAMĀ ṢALLAYTA `ALĀ 'ĀLI 'IBRĀHĪM,
'INNAKA ḤAMĪDUM MAJĪD.**

O Allāh! Send salutations upon Muḥammad and upon the family of Muḥammad, in the manner that You sent salutations upon the family of Ibrāhīm. You are the Praiseworthy, the Majesty.

Muṣannaf `Abd ar Razzāq

---- 90 ----

اَللّٰهُمَّ اجْعَلْ صَلَوَاتِكَ وَبَرَكَاتِكَ عَلٰى مُحَمَّدٍ

كَمَا جَعَلْتَهَا عَلٰى اٰلِ اِبْرَاهِيْمَ اِنَّكَ حَمِيْدٌ مَّجِيْدٌ

'ALLĀHUM-MAJ`AL ṢALAWĀTIKA WA BARAKĀTIKA `ALĀ MUḤAMMAD, KAMĀ JA`ALTAHĀ `ALĀ 'ĀLI 'IBRĀHĪM. 'INNAKA ḤAMĪDUM-MAJĪD.

O Allāh send Your salutations and Your blessings upon Muḥammad, in the manner that You sent it upon the family of

Ibrāhīm. You are the Praiseworthy, the Majesty.

Muṣannaf Ibn Abī Shaybah

---- 91 ----

اَللّٰهُمَّ اجْعَلْ صَلَوَاتِكَ وَرَحْمَتَكَ وَبَرَكَتَكَ عَلٰى سَيِّدِ

الْـمُرْسَلِيْنَ وَاِمَامِ الْـمُتَّقِيْنَ وَخَاتَمِ النَّبِيّيْنَ مُحَمَّدٍ عَبْدِكَ

وَرَسُوْلِكَ اِمَامِ الْخَيْرِ وَقَائِدِ الْخَيْرِ وَرَسُوْلِ الرَّحْمَةِ

اَللّٰهُمَّ ابْعَثْهُ مَقَامًا مَّحْمُوْدًا يَّغْبِطُ بِهِ الْاَوَّلُوْنَ وَالْاٰخِرُوْنَ

أَللّٰهُمَّ صَلِّ عَلٰى مُحَمَّدٍ وَّعَلٰى أٰلِ مُحَمَّدٍ كَمَا صَلَّيْتَ

عَلٰى أٰلِ اِبْرَاهِيْمَ اِنَّكَ حَمِيْدٌ مَّجِيْدٌ ج أَللّٰهُمَّ بَارِكْ عَلٰى

مُحَمَّدٍ وَّعَلٰى أٰلِ مُحَمَّدٍ كَمَا بَارَكْتَ عَلٰى أٰلِ

اِبْرَاهِيْمَ اِنَّكَ حَمِيْدٌ مَّجِيْدٌ ط

'ALLĀHUM-MAJ`AL ṢALAWĀTIKA WA RAḤMATAKA WA BARAKATAKA `ALĀ SAYYIDIL MURSALĪN, WA 'IMĀMIL MUTTAQĪN, WA KHĀTAMIN NABIYYĪN, MUḤAMMADIN `ABDIKA WA RASŪLIK, 'IMĀMIL KHAYRI WA QĀ'IDIL KHAYR, WA RASŪLIR RAḤMAH. 'ALLĀHUM-MAB`ATH-HU MAQĀMAM-MAḤMUDAY-YAGHBIṬU BIHIL 'AWWALŪNA WAL 'ĀKHIRŪN. 'ALLĀHUMMA ṢALLI `ALĀ MUḤAMMADIW-WA `ALĀ 'ĀLI

MUḤAMMAD, KAMĀ ṢALLAYTA `ALĀ 'ĀLI 'IBRĀHĪMA 'INNAKA ḤAMĪDUM MAJĪD. 'ALLĀHUMMA BĀRIK `ALĀ MUḤAMMADIW-WA `ALĀ 'ĀLI MUḤAMMAD, KAMĀ BĀRAKTA `ALĀ 'ĀLI 'IBRĀHĪM, 'INNAKA ḤAMĪDUM MAJĪD.

O Allāh send Your salutations,
Your mercy and Your blessing
upon the leader of the apostles,
the Imām of the god-fearing, the seal of the Messengers,
Muḥammad, Your servant and Messenger,
the Imām of good, the commander of good,
and the Messenger of mercy.
O Allāh! Grant him the Praiseworthy Post
(in nearness to You), that those who have passed before us,
and those who are yet to pass, all aspire to.
O Allāh! Send salutations upon Muḥammad
and the family of Muḥammad,
in the manner that You sent salutations
upon the family of Ibrāhīm.
You are the Praiseworthy, the Majesty.
O Allāh! Send blessings upon Muḥammad
and the family of Muḥammad,
in the manner that You sent blessings
upon the family of Ibrāhīm.
You are the Praiseworthy, the Majesty.

Muṣannaf `Abd ar Razzāq

---- 92 ----

اَللّٰهُمَّ اجْعَلْ صَلَوَاتِكَ وَرَحْمَتَكَ عَلٰى سَيِّدِ

الْمُرْسَلِيْنَ وَاِمَامِ الْمُتَّقِيْنَ وَخَاتَمِ النَّبِيّٖنَ مُحَمَّدٍ عَبْدِكَ

وَرَسُوْلِكَ اِمَامِ الْخَيْرِ وَقَائِدِ الْخَيْرِ وَرَسُوْلِ الرَّحْمَةِ

اَللّٰهُمَّ ابْعَثْهُ مَقَامًا مَّحْمُوْدًا يَّغْبِطُهٗ بِهِ الْاَوَّلُوْنَ وَالْاٰخِرُوْنَ

اَللّٰهُمَّ صَلِّ عَلٰى مُحَمَّدٍ وَّعَلٰى اٰلِ مُحَمَّدٍ كَمَا صَلَّيْتَ

عَلٰى اِبْرَاهِيْمَ وَعَلٰى اٰلِ اِبْرَاهِيْمَ اِنَّكَ حَمِيْدٌ مَّجِيْدٌ ج

'ALLĀHUM-MAJ`AL ṢALAWĀTIKA WA RAḤMATAKA `ALĀ SAYYIDIL MURSALĪN, WA 'IMĀMIL MUTTAQĪN, WA KHĀTAMIN NABIYYĪN, MUḤAMMADIN `ABDIKA WA RASŪLIK, 'IMĀMIL KHAYRI WA QĀ'IDIL KHAYR, WA RASŪLIR RAḤMAH. 'ALLĀHUM-MAB`ATH-HU MAQĀMAM-MAḤMŪDAY-YAGHBIṬUHŪ BIHIL 'AWWALŪNA WAL 'ĀKHIRŪN. 'ALLĀHUMMA ṢALLI `ALĀ MUḤAMMADIW-WA `ALĀ 'ĀLI MUḤAMMAD, KAMĀ ṢALLAYTA `ALĀ 'IBRĀHĪMA WA `ALĀ 'ĀLI 'IBRĀHĪM. 'INNAKA ḤAMĪDUM MAJĪD.

O Allāh send Your salutations and Your mercy upon the leader of the apostles, the Imām of the god-fearing, the seal of the Messengers, Muḥammad, Your servant and Messenger, the Imām of good, the commander of good, and the Messenger of mercy. O Allāh! Grant him the Praiseworthy Post (in nearness to You), that those who have passed before us,

and those who are yet to pass, all aspire to.
O Allāh! Send salutations upon Muḥammad
and the family of Muḥammad,
in the manner that You sent salutations
upon Ibrāhīm and the family of Ibrāhīm.
You are the Praiseworthy, the Majesty.

al Bayhaqī

---- 93 ----

اَللّٰهُمَّ صَلِّ عَلٰى مُحَمَّدٍ عَبْدِكَ وَرَسُوْلِكَ كَمَا صَلَّيْتَ عَلٰى
اِبْرَاهِيْمَ وَبَارِكْ عَلٰى مُحَمَّدٍ كَمَا بَارَكْتَ عَلٰى اِبْرَاهِيْمَ

‘ALLĀHUMMA ṢALLI `ALĀ MUḤAMMADIN
`ABDIKA WA RASŪLIK, KAMĀ ṢALLAYTA `ALĀ ‘IBRĀHĪMA
WA BĀRIK `ALĀ MUḤAMMAD,
KAMĀ BĀRAKTA `ALĀ ‘IBRĀHĪM.

O Allāh! Send salutations upon Muḥammad,
Your servant and Messenger,
in the manner that You sent salutations upon Ibrāhīm.
And send blessings upon Muḥammad
in the manner that You sent blessings upon Ibrāhīm.

al Bayhaqī

---- 94 ----

اَللّٰهُمَّ دَاحِيَ الْمَدْحُوَّاتِ وَبَارِئَ الْمَسْمُوْكَاتِ
وَجَبَّارَ الْقُلُوْبِ عَلٰى فِطْرَاتِهَا شَقِيِّهَا وَسَعِيْدِهَا

اِجْعَلْ شَرَائِفَ صَلَوَاتِكَ وَنَوَامِيَ بَرَكَاتِكَ
وَرَافِعَ تَحِيَّتِكَ عَلَى مُحَمَّدٍ عَبْدِكَ وَرَسُولِكَ
الْخَاتَمِ لِمَا سَبَقَ وَالْفَاتِحِ لِمَا أُغْلِقَ

'ALLĀHUMMA DĀḤIYAL MADḤUWWĀT,
WA BĀRI'AL MASMŪKĀT,
WA JABBĀRAL QULŪBI `ALĀ FIṬRĀTIHĀ,
SHAQIY-YIHĀ WA SA`ĪDIHĀ.
'IJ`AL SHARĀ'IFA ṢALAWĀTIK,
WA NAWĀMIYA BARAKĀTIK, WA RĀFI`A TAḤIY-YATIK,
`ALĀ MUḤAMMAD, `ABDIKA WA RASŪLIK,
'AL-KHĀTAMI LIMĀ SABAQ, WAL FĀTIḤI LIMĀ 'UGHLIQ.

O Allāh! The Extender of the expanses,
The Maker of the elevations,
The Compeller of hearts to their natures,
their (being) wretched and their (being) blessed,
Grant Your noble salutations, Your Increasing blessings,
and Your exalted greetings, to Muḥammad,
Your servant and Messenger,
(who is) the seal of what has passed (of Prophecy),
and the opener of what was closed.

aṭ Ṭabarānī

---- 95 ----

اَللّٰهُمَّ يَا دَاحِيَ الْمَدْحُوَّاتِ وَيَا بَانِيَ الْمَبْنِيَاتِ

وَيَا مُرْسِيَ الْمُرْسَيَاتِ وَ يَا جَبَّارَ الْقُلُوْبِ عَلٰى

فِطْرَتِهَا شَقِيِّهَا وَسَعِيْدِهَا وَيَا بَاسِطَ الرَّحْمَةِ لِلْمُتَّقِيْنَ

اِجْعَلْ شَرَائِفَ صَلَوَاتِكَ وَنَوَامِيَ بَرَكَاتِكَ

وَرَأْفَاتِ تَحِيَّتِكَ وَعَوَاطِفَ زَوَاكِيْ رَحْمَتِكَ

عَلٰى مُحَمَّدٍ عَبْدِكَ وَرَسُوْلِكَ

اَلْفَاتِحِ لِمَا أُغْلِقَ وَالْخَاتَمِ لِمَا سَبَقَ

'ALLĀHUMMA YĀ DĀḤIYAL MADḤUWWĀT,
WA YĀ BĀNIYAL MABNIYYĀT,
WA YĀ MURSIYAL MURSAYĀT,
WA YĀ JABBĀRAL QULŪBI `ALĀ FIṬRATIHĀ,
SHAQIY-YIHĀ WA SA`ĪDIHĀ.
WA YĀ BĀSIṬAR-RAḤMATI LIL MUTTAQĪN
'IJ`AL SHARĀ'IFA ṢALAWĀTIK,
WA NAWĀMIYA BARAKĀTIK, WA RA'FĀTI TAḤIY-YATIK,
WA `AWĀṬIFA ZAWĀKĪ RAḤMATIK,
`ALĀ MUḤAMMAD, `ABDIKA WA RASŪLIK,
'AL-FĀTIḤI LIMĀ 'UGHLIQ, WAL KHĀTAMI LIMĀ SABAQ.

O Allāh! The Extender of the expanses,
The Maker of all structures, the Embedder of all fixtures,
The Compeller of hearts to their natures,
their (being) wretched and their (being) blessed,
Grant Your noble salutations, Your Increasing blessings,

Your gracious greetings, and the wind of Your purest mercy,
to Muḥammad, Your servant and Messenger.
(Who is) the opener of what was closed,
and the seal of what has passed (of Prophecy).

Muṣannaf Ibn Abī Shaybah

---- 96 ----

أَللّٰهُمَّ صَلِّ عَلٰى مُحَمَّدٍ وَّعَلٰى أٰلِ مُحَمَّدٍ وَّبارِكْ عَلٰى مُحَمَّدٍ وَّعَلٰى أٰلِ مُحَمَّدٍ وَّارْحَمْ مُّحَمَّدًا وَّأٰلَ مُحَمَّدٍ كَمَا صَلَّيْتَ وَبَارَكْتَ وَتَرَحَّمْتَ عَلٰى اِبْرَاهِيْمَ اِنَّكَ حَمِيْدٌ مَّجِيْدٌ

'ALLĀHUMMA ṢALLI `ALĀ MUḤAMMAD, WA`ALĀ 'ĀLI MUḤAMMAD. WA BĀRIK `ALĀ MUḤAMMADIW-WA `ALĀ 'ĀLI MUḤAMMAD. WARḤAM MUḤAMMADAW-WA ' ĀLA MUḤAMMAD. KAMĀ ṢALLAYTA WA BĀRAKTA WA TARAḤ-ḤAMTA `ALĀ 'IBRĀHĪM. 'INNAKA ḤAMĪDUM MAJĪD.

O Allāh! Send salutations upon Muḥammad
and the family of Muḥammad,
and bless Muḥammad and the family of Muḥammad,
and have mercy upon Muḥammad
and the family of Muḥammad,
in the manner that You sent salutations,
blessings and mercy upon Ibrāhīm.
You are the Praiseworthy, the Majesty.

al Ḥākim

---- 97 ----

أَللّٰهُمَّ صَلِّ عَلٰى مُحَمَّدٍ وَّأَزْوَاجِهٖ وَذُرِّيَّتِهٖ كَمَا صَلَّيْتَ عَلٰى اِبْرَاهِيْمَ وَبَارِكْ عَلٰى مُحَمَّدٍ وَّأَزْوَاجِهٖ وَذُرِّيَّتِهٖ كَمَا بَارَكْتَ عَلٰى اٰلِ اِبْرَاهِيْمَ اِنَّكَ حَمِيْدٌ مَّجِيْدٌ ط

'ALLĀHUMMA ṢALLI `ALĀ MUḤAMMADIW-WA 'AZWĀJIHĪ WA DHUR-RIYYATIH, KAMĀ ṢALLAYTA `ALĀ 'IBRĀHĪM. WA BĀRIK `ALĀ MUḤAMMADIW-WA 'AZWĀJIHĪ WA DHUR-RIYYATIH, KAMĀ BĀRAKTA `ALĀ 'ĀLI 'IBRĀHĪM, 'INNAKA ḤAMĪDUM MAJĪD.

O Allāh! Send salutations upon Muḥammad and his wives and children, in the manner that You sent salutations upon Ibrāhīm. And send blessings upon Muḥammad and his wives and children, in the manner that You sent blessings upon the family of Ibrāhīm. You are the Praiseworthy, the Majesty.

al Bukhārī

---- 98 ----

اَللّٰهُمَّ صَلِّ عَلٰى مُحَمَّدِ ِالنَّبِيِّ الْاُمِّيِّ وَ عَلٰى اٰلِ مُحَمَّدٍ

'ALLĀHUMMA ṢALLI `ALĀ MUḤAMMADI-NIN-NABIYYIL 'UMMIYYI WA `ALĀ 'ĀLI MUḤAMMAD.

O Allāh! Send salutations upon Muḥammad the untaught Prophet, and the family of Muḥammad

Abū Dāwūd

---- 99 ----

اَللّٰهُمَّ صَلِّ عَلٰى مُحَمَّدٍ وَّ عَلٰى اٰلِ مُحَمَّدٍ

'ALLĀHUMMA ṢALLI `ALĀ MUḤAMMADIW-WA `ALĀ 'ĀLI MUḤAMMAD.

O Allāh! Send salutations upon Muḥammad and the family of Muḥammad

Abū Dāwūd

---- 100 ----

صَلَّى اللهُ عَلَيْهِ وَاٰلِهٖ وَسَلَّمَ

ṢALLAL-LĀHU `ALAYHI WA 'ĀLIHĪ WA SALLAM.

May Allāh send salutations upon Muḥammad and his family and send peace.

al-Ḥākim

The Ṣalawāt provided in this book have been thoroughly researched, to ensure that they are as accurately represented as possible.

We have refered to the original sources of Aḥādīth when compiling this book to ensure that no accidental misrepresentations are included.

We acknowledge reference to the original publications of Ṣalawāt and have built upon those monumental works.

While other compilations of Ṣalawāt have been in circulation, it has been the endeavour of this work to only include Ṣalawāt which have complete chains of narrations back to the Messenger ﷺ or a Ṣaḥābī رضي الله عنه
(i.e. Aḥādīth which are either marfū` or mawqūf).

18576546R00056

Printed in Poland
by Amazon Fulfillment
Poland Sp. z o.o., Wrocław